Edith Stork · Logistik im Büro

Konzept und Beratung der Reihe Beltz Weiterbildung:

Prof. Dr. *Karlheinz A. Geißler*, Schlechinger Weg 13, D-81669 München.
Prof. Dr. *Bernd Weidenmann*, Weidmoosweg 5, D-83626 Valley.

Edith Stork

Logistik im Büro

Unordnung kostet Geld

3. Auflage

Beltz Verlag · Weinheim und Basel

Edith Stork ist Beraterin für Büro-Organisation. Sie bietet ein perfektes Konzept für die gesamte Infrastruktur in Firmen, für Büroabläufe, Aktengestaltung, Dokumentation sowie die optimale Nutzung des Büromobiliars.

Anschrift: Edith Stork, Am Kunzengarten 15–17, 65936 Frankfurt a.M.

Gesetzt nach den neuen Rechtschreibregeln
3. Auflage 1999
Lektorat: Ingeborg Strobel

© 1997 Beltz Verlag · Weinheim und Basel
Herstellung: Ute Jöst, Publikations-Service, Birkenau
Satz: Satz- und Reprotechnik GmbH, Hemsbach
Druck: Druckhaus Beltz, Hemsbach
Umschlaggestaltung: Bernhard Zerwann, Bad Dürkheim
Printed in Germany

ISBN 3-407-36333-8

Inhaltsverzeichnis

» Eine einfache Erwägung zeigt, dass alle Klassifikationen, die der Mensch jemals gemacht hat, willkürlich, künstlich oder falsch sind. Aber eine ebenso einfache Erwägung zeigt, dass diese Klassifikationen nützlich und unentbehrlich und vor allem unvermeidlich sind, weil sie einer angeborenen Tendenz unseres Denkens entspringen. Denn im Menschen lebt ein tiefer Wille zur Einteilung, er hat einen heftigen, ja, leidenschaftlichen Hang, die Dinge abzugrenzen, einzufrieden, zu etikettieren. Das Lieblingsspielzeug des Kindes ist die Schachtel. Aber auch der Erwachsene trägt immer ein unsichtbares Quadratnetz mit sich herum ... «

Egon Friedell, Kulturgeschichte der Neuzeit.

Vorwort

Das Ansinnen, dieses Buch zu schreiben kam sehr unvermittelt und stellte mich vor neue Fragen, schwierig war weniger über meine Methode zu berichten, als unter anderem einen Titel zu finden. Ich wollte gerne als Titel »Die Philosophie der Kostenminimierung im Büro«: Einfach eine unübliche Mischung oder Zusammenstellung von Begriffen, die nicht zusammengehören! Also, für mich leider: keine Philosophie auf dem Buchdeckel.

Den inzwischen richtigen Titel halten Sie in Händen. Im Buch selbst ist der Begriff »Philosophie« nun doch erlaubt.

Ganz kurz (Philosophen mögen mir verzeihen): Sokrates, von dem selbst nichts Schriftliches überliefert wurde, hat, via Xenophon und Plato, seinen Schülern, seine Lehre weitervermitteln können. Er wollte Wissen zerstören und zum »Wissen des Nichtwissens« hinführen. Wissen müsse sich jeder selbst erarbeiten. Und zwar nach dem Gesetz und der Methode des sokratischen ruhelosen Fragens.

»Erkenne dich selbst, Tugend ist Wissen«
Sokrates

Wenn wir dieser Idee des Fragens und Infragestellens nachgehen, entdecken wir, dass im Bereich der Bürowelt unendlich viele Fragen zu stellen sind, viele Fragen nur unzureichend beantwortet werden. Fragen nach Kosten und Kostenminimierung sowie Teamfähigkeit im Büroablauf. Was kosten die Arbeitsabläufe. Was kostet Büro?

Übertragen auf die Bürologistik werden Sie nun die Antworten auf Ihre Fragen bekommen:

❖ Neugierig zu sein, wie man mit Methode ein Büro »saniert«, das aber noch nie gemacht hat?
❖ Wie man Logistik lernt, ohne lehrerhaften Zeigefinger, wie man Disziplin freiwillig anwendet?
❖ Wie Freude statt Verdrossenheit im Büro entsteht?
❖ Das Büro sich wieder in einen komfortablen, guten Arbeitsplatz verwandelt, ohne Ruch von Pingeligkeit, Hierarchie und dunkler Aktenwelt?

Diesen ganzen Komplex will ich Ihnen vorführen und Ihnen den Weg aufzeigen, wie »Büro geht«.

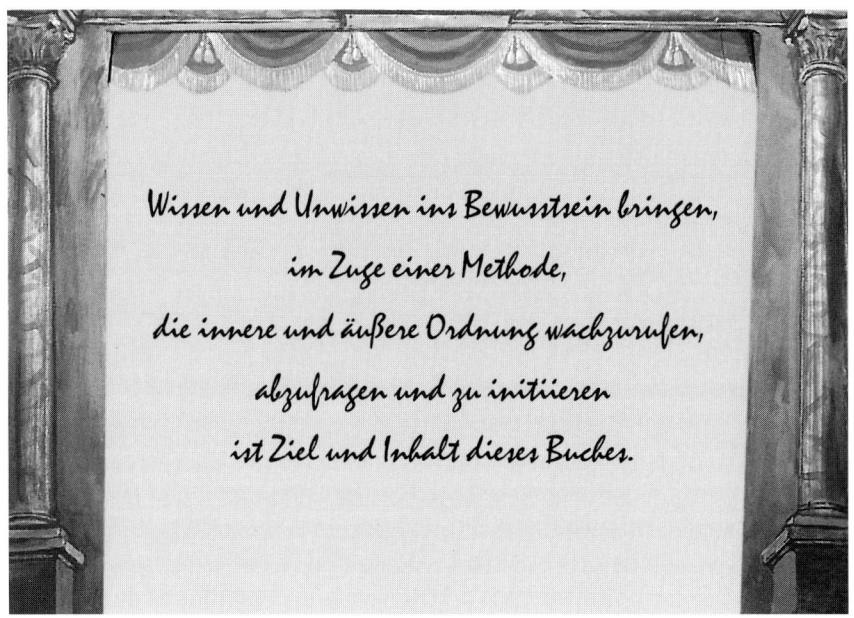

Wissen und Unwissen ins Bewusstsein bringen, im Zuge einer Methode, die innere und äußere Ordnung wachzurufen, abzufragen und zu initiieren ist Ziel und Inhalt dieses Buches.

» Wer das Richtige tut, wird zum richtigen Menschen «
Sokrates

Wir stellen also fest, dass Qualität machbar ist, dass ein Büro ein Feld ist, in dem man Lebensqualität haben kann.

Wissen Sie eigentlich, woher das Wort »Büro« stammt? – Die Bezeichnung stammt aus dem 17./18. Jahrhundert und wurde vom französischen Wort »bureau« entlehnt.

Zurück in die Gegenwart: »Das Büro hat sich nicht grundlegend verändert in seiner Dienstleistung, ist aber als Platz der Kommunikation ...« *Büro* als Platz der Kommunikation, Denkwerkstatt, Postamt, Schaltstelle, Druckerei, kurz, eine Ansammlung. *Großraumbüro* als Arbeitslandschaft, *Einzelbüros* als individuelle Zelle oder Quelle für Ideen. Dort wird gedacht, gelesen, erfunden.

Dafür brauchen Sie das kreative Chaos, die Freiheit des Denkens, die Ordnung und Logistik als Baustein: Jedes und alles Schriftgut wird an seinem

10

Platz sein. Nie mehr Suchen, nie mehr zufällig finden, das macht Sie frei, allerdings nicht von der Arbeit, die bleibt nach wie vor mit Sicherheit ungeteilt erhalten.

Für die Anwendung des Buches sind keine Regeln gesetzt. Sie können es von Alpha bis Omega, also alphabetisch nach Themen lesen. Sie können aber auch neugierig blättern. Oder Sie gehen Ihren inneren ruhelosen Fragen nach, ganz individuell.

Frankfurt, März 1997   Edith Stork

» Wenige gut gemachte Möbel: ein Schreibtisch mit Akten, Broschüren, Telefon, viel Rauchzeug, eine Couch mit Kamelhaardecken, ein Grammophon «

Carl Zuckmayer

A   Ablauf zum Verständnis

Erste Einsicht: Analyse-Bogen

Beantworten Sie die Fragen dieser »Situationsanalyse« zu Ihrem eigenen Vorteil bitte ebenso offen wie vollständig.

Fragen	Bitte ankreuzen	
	Ja	**Nein**
1. Liegen Papier- oder Aktenstapel auf Ihrer Schreibtischplatte?	☐	☐
2. Suchen Sie öfters Unterlagen und Vorgänge, insbesondere bei eiligen Telefonaten oder Anfragen?	☐	☐
3. Schichten Sie Ihre Papierstapel täglich mehrmals um?	☐	☐
4. Müssen Sie Ihre Schreibtischplatte abends abräumen?	☐	☐
5. Fehlt Ihnen die Möglichkeit, zwischen »unnötigen« und für Ihre Arbeit »wichtigen« Unterlagen zu unterscheiden?	☐	☐
6. Kommt immer mehr Papier dazu? (EDV + Internet)	☐	☐
7. Sind Sie mit der Ablage im Rückstand?	☐	☐
8. Müsste Ihr Arbeitsplatz von Unnötigem »enthortet« werden?	☐	☐
Summe der »Ja«- und »Nein«-Kreuze		

Schon ein einziges »Ja« ist ein »Ja« zu viel.

Es zeigt, dass Sie ein ungelöstes Problem haben. Dieses Problem behindert Ihre Arbeit, Tag für Tag. Schaffen Sie deshalb Abhilfe!

Chaos oder Ordnung

Bis zum Bekanntwerden der Ergebnisse der modernen Chaosforschung betrachtete man Ordnung und Chaos, Gesetzmäßigkeit und Anarchie als zwei sich einander ausschließende Prinzipien. Die Wissenschaft entschied sich für die Ordnung, und folglich für die Untersuchung der Gesetzmäßigkeit. Chaos, das ungeordnete Wirrwarr lässt sich nicht in Regeln fassen.

Aber auch das Chaos hat eine Art von Ordnung, das Prinzip der Selbstähnlichkeit. Selbstähnlichkeit bedeutet ein Muster im Muster. Als Folge ist Chaos kein ungeordnetes Wirrwarr, sondern ein geregeltes Durcheinander.

Chaos bedeutet in unserem heutigen Sprachgebrauch nicht länger nur Zerstörung und Auflösung, sondern Vorbereitung eines wünschenswerten Neuen.

Aus dieser Idee, den »Chaotikern« einen Blick hinter die Kulissen der Philosophie zu gewähren, folgte der Wunsch, den Unterschied und die Verwandtschaft zwischen Chaos, Ordnung und Unordnung zu zeigen und sie in die Welt der Büroarbeit zu tragen.

Chaos und Ordnung

Erklärung

Chaos ist: der ungeordnete URSTOFF aus dem, nach den griechischen Schöpfungssagen, die Welt hervorgegangen ist.

Unordnung ist: eine wirre Masse.

Ordnung ist: 1. der geregelte Zustand,
2. das ein Sachgebiet umfassende Gesetz,
3. in der Biologie: die Systematik der Lebewesen,
4. in der Mathematik: die Reihe,
                            die Zahl,
                            der Grad.

Chaos ist ein Wort, mit dem sich viele Menschen im Büro schmücken. Sie meinen, sie brauchen ihr Chaos, halten es für schöpferisch, spielen mit dessen Kreativität wie mit der Mode.

Leuchtende Augen beim Anblick von kreativem Chaos

Das Leuchten erlischt, wenn man das Chaos bei seinem wirklichen Namen nennt: Unordnung und Systemlosigkeit im Büro. Dieses führt immer zur Hilflosigkeit bei der Klassifizierung des Schriftgutes, wenn es beim Anlegen um das »wohin?« geht. Das Schriftstück landet dann, für immer verloren, unter dem Begriff: »allgemein«, »divers«, »varia«.

Sie kennen sicher den Satz: »Das habe ich nie gelernt.« Er ist weit verbreitet und trifft konsequent überall zu, wenn es um die Papierverwaltung der meisten Büros geht. Auf jeden, der das Wort Chaos so verwendet, trifft immer auch das Wort Unordnung zu.

In der Ausbildung, bei Neueinstellungen von Auszubildenden bis hin zu Managern wird in keiner Branche abgefragt, ob Büromanagement, Logistik, Ablage oder Archivierung gekonnt wird. »Irgendwie« wird erwartet, dass es jeder kann oder man eine Möglichkeit zum Delegieren hat.

Warum?

1. Das Equipment ist hervorragend, die Sekretärin topfit, die Geschäfte laufen gut. Die Kreativität wird voll ausgeschöpft. Die Welt ist in Ordnung. Sie arbeiten für »zwei«, die Termine überholen Sie, dennoch: Ihre Projekte haben Erfolg. Aber es fehlt die Zeit für die Organisation. Die Papiere türmen sich. Das Tagesgeschäft verlangt präzise Abläufe, geordnete Geschäftsunterlagen, die Kongruenz in der Ablage und eine klare Infrastruktur im Office-Management, kurz Logistik genannt.

2. Und Sie brauchen sie! Mindestens genauso wie das kultivierte Chaos. Damit Sie Ihre Organisation in den Griff bekommen, biete ich Ihnen mein Konzept, meine Beratung, mein Organisationsprogramm, meine Schulung mit fachlicher Beratung und dieses Buch als Erweiterung und methodische Hilfe an:
Ihre Administration, Sekretariatsverwaltung, Ihre Projektverwaltung der Produkte, Ihre Dokumentation, Fachliteratur von A–Z, werden für immer installiert. Nie mehr suchen, kein zufälliges Finden, sondern alles steht an seinem Platz. Ihr Chaos hat System, es öffnen sich Freiräume. Das tut Ihnen gut und der Stimmung im Büro. Sie sind endlich für immer organisiert.

3. Jede Branche braucht diese genaue Form von Organisation (Office-Management) für das Unternehmen, die Abteilung im Unternehmen, vom Konzern bis zum Einzelhandel.

Sollten die drei Feststellungen auch für Sie zutreffen, sollten Sie es satt haben? Wollen Sie sich Ihre wichtige Ordnung – oft an den Rand gestellt – endlich leisten? Damit Sie Freiräume gewinnen und Ihre Visionen verwirklichen können?

» Ich habe es gern, wenn alles um mich herum durchsichtig ist. Ein gut aufgeräumter Schreibtisch verschafft mir Seelenfrieden. «
Alfred Hitchcock

Unordnung kostet Geld

Materialkosten

Für Ihre Aktenordner brauchen Sie Platz, Sideboards, Regale und Schränke. Oft stehen die Ordner zudem am falschen Standort. Das bedeutet lange Wege, der Zeitverbrauch ist unangemessen. Meistens sind zu viele Regale da, falsch belegt.

Pro Person rechnet man zwischen 35 und 50 Ordner, die pro anno bewältigt werden können. Meistens sind Flächen für 250 Ordner pro Nase da. Das ist eindeutig zu viel Fläche, zu viel Möbelausstattung.

Ein Regalschrank kostet zwischen DM 1.800,– und DM 4.000,–, je nach Ausstattung. Und vergessen Sie nicht! Sie legen auch alles nochmals im PC ab, aber desgleichen ohne System.

Raumkosten

Die Raumkosten hängen von den Mietpreisen pro Quadratmeter ab, von Unterhaltungskosten wie Reinigung, Heizung und Beleuchtung. Die Grundflächendeckung mit Möbeln, Materialschränken, Hängeregistraturen, Kassettenablagen etc. kostet Sie wiederum Geld, weil die Berechnungen oft nicht exakt waren.

Personalkosten

Personalkosten sind nicht nur die reinen Löhne. Es geht auch um

- ❖ die Abwicklung am Arbeitsplatz,
- ❖ die Speicherung per PC,
- ❖ die Wiedervorlage,
- ❖ Umläufe,
- ❖ Ablage und die Methode des Ablegens
- ❖ sowie um die komfortable Zugriffsmöglichkeit.

»Die eigentlichen Ablegekosten werden deutlich, wenn die Ablageleistung eines Mitarbeiters in Relation zu den Lohnkosten gesetzt wird. Bei einem Gehalt von DM 4.000,– monatlich, inklusive Nebenkosten, macht dies bei 20 Arbeitstagen pro Monat DM 200,– pro Tag aus.«

Es lohnt sich, darüber nachzudenken.

Und das passiert bei den Angestellten, die nicht für das Ablegen eingestellt werden, sondern die für das Gewinn bringende Fachwissen zugunsten eines Produktes und einer Dienstleistung bezahlt werden.

Die Vernachlässigung einer organisierten Ablage aber kostet Geld. In den meisten Firmen darf jeder ablegen, wie er will, wie er kann (und er/sie kann nicht) oder übernimmt »Ruinen« vom Vorgänger mit dem Satz: »Da habe ich noch nie reingeschaut.« Das heißt bei zehn Mitarbeitern (bei einhundert auch) zehnmal verschiedene Ablageformen, nicht individuelle, nur eben verschiedene.

Jeder fängt immer neu an, durchaus willens, sein Bestes zu geben. Das Büro wird zur freien Gestaltung »freigegeben«. Da werden Wände als Pinwand benutzt (Hängezeit der »aktuellen« Infos bis zu vier Jahren).

Die Erwartung, dass jeder seinen »Kram« findet, wird vorausgesetzt. Die Folge ist die allseits viel geliebte Unentbehrlichkeit, die sich nur darin äußert, dass nur er/sie sich im eigenen Papierwust auskennt.

Voll besetzte Fensterbänke, hohe Stapel auf dem Schreibtisch, geordnet nach »gestern« und »heute«, lassen unendlich viele »Aha-Erlebnisse« zu.

Es wird nicht darauf geachtet, wieviele Möbel, welche Möbel genau pro Nase funktional da sein müssen, Ergonomie bleibt ein Fremdwort. Wie oft stehen PCs so, dass nicht nur die Sicht verbaut ist. Wie oft verwandeln sich Büros in Pflanzendschungel mit Gießplan für siebenunddreißig Pflanzen? Immer ein Zeichen, dass es gemütlich sein soll wie daheim. Wieso eigentlich?

Es stimmt, dass Sie acht bis zehn Stunden und mehr Zeit im Büro verbringen.

Da dieses so ist, ist es erforderlich, Ihre Büromöbel, ihre Aufstellung und Aufteilung zu überprüfen. Es geht um eine ganzheitliche Lösung für die

Raumbelegung, für die Funktionen mit der Folge, dass eine verbesserte Atmosphäre entsteht. Die Arbeitsqualität wird komfortabel und praxisnah. Eine neue Lebensqualität entsteht an Ihrem Arbeitsplatz.

Die erste Handlung ist immer die Festlegung der Standorte in einem Raum, um die Funktionen der Möbel und Geräte ihren eigentlichen Zwecken zuzuführen. Die Wege, die zurückgelegt werden müssen, sind zu verkürzen (= Zeit einsparen).

Manche sagen mir dann, Sie stünden gerne ein paar Mal mehr am Tag auf wegen der Bewegung. Ich schlage dann immer vor, Sport zu treiben, anstatt Wanderwege im Büro einzurichten. Draußen sind die Landschaften meist schöner.

Es zeigt sich, dass die Reorganisation oder Umgestaltung eine positive Förderung der Kommunikation mit sich bringt. Außerdem wird Zeit eingespart, und die Kosten werden gesenkt, Ergonomie genutzt und »Manpower« erwirtschaftet. Diese Logistik ist teamfähig.

Wussten Sie schon, dass ein Mitarbeiter zwischen fünfundzwanzig und vierzig Ordnern alleine, ohne fremde Hilfe ablegen und versorgen kann? Mehr Ordner bis zu einhundertfünfzig Stück zeigen eine falsche Disposition an: Der Mitarbeiter arbeitet für zwei oder hat zu viele Funktionen oder gibt nichts ins Archiv oder sitzt seine wichtige Zeit in Sitzungen ab. »Loslassen« sagt man dazu. Dadurch verliert man nicht Stellung und Funktion, sondern gewinnt Platz im Kopf und im Büro.

Durch Logistik und System entsteht eine Einsparung an Stellflächen, an Mobiliar, an Ordnungsmitteln. Die erwirtschaftete Zeit wird nicht mehr für Suchen und Finden verwendet, sondern für die eigentliche Berufstätigkeit aufgewendet.

Die Egalisierung der Ablage in allen Büros, bei allen Mitarbeitern bedeutet, dass jeder alles in jedem Büro finden kann – auch in absentia – und das spart Geld, denn Unordnung kostet Geld.

Die Erlernung einer Logistik für alle Mitarbeiter bedeutet Transparenz der Akten.

Die Logistik erspart das einmal jährliche Aufräumen ein für alle Mal, ist außerdem eine Aufbereitung für die spätere Anwendung derselben im PC, da sie auf demselben Pfad angelegt werden kann.

Die Teamfähigkeit dieser Logistik liegt in ihrer Einfachheit, Bedienerfreundlichkeit und Verständlichkeit. Und an der ungeliebten Disziplin, für die nicht mal mehr eine Aufforderung notwendig ist.

Verantwortung für das Schriftgut

Verantwortung übernehmen für die Ablage, für seinen Arbeitsplatz und für Logistik kann nach Anwendung meiner Methode jedem Mitarbeiter zugemutet werden. Denn er/sie beherrscht das System.

Selbst Puristen, die schon immer »seit zwanzig Jahren« so abgelegt haben, lösen sich davon und beugen sich der neuen Logistik, kommen wieder gerne ins Büro, fühlen sich wie neu eingerichtet, und nach drei Jahren ist es immer noch so.

Der Individualist wird also nicht durch Ablagemethodenlosigkeit zu einem solchen. Die lebende Ablage ist kein Tummelplatz für Selbstverwirklichung, sondern ein logistischer Baustein in einer ganzheitlich kaufmännischen Abwicklung, die wir Geschäft nennen. Das ist auf der ganzen Welt so.

Beruhigen Sie sich, in keiner Schule, in keiner Universität wird Bürologistik gelehrt. Es wäre noch als Fach einzuführen. Offensichtlich ist einfach jedermann befähigt, mit Papierfluten umzugehen. Deshalb sind in manchen Firmen die Fensterbänke bereits abgeschrägt.

Auch beruflich ausschließlich am PC arbeitende Menschen haben keine Lust auf Schriftgutverwaltung. Im Leben eines »PC-Arbeiters« gibt es für dergleichen den Begriff »unauffindbar verloren«.

Und um den Kreis zu schließen, sind alle immer richtige Chaotiker, weibliche wie männliche. Sie haben den Vogelflug im Kopf, schweben und schwelgen in Kreativität, brainstormen sich durch Konzepte, visualisieren durch bunte Kärtchen Ihre Visionen. Und plumpsen oder landen, spätestens bei unsortierten Papierfluten, in die unwirtliche Bürowelt zurück.

Papier hat einige Eigenschaften: Es bleibt ruhig liegen, es schreit nicht, meldet sich nicht, versteckt sich inaktiv, gilbt vor sich hin, zerbröselt, ist säurehaltig und brennt lang.

Papier ist geduldig, hat eine hohe Leidensfähigkeit, vermittelt, beschrieben mit Schrift und Zeichen, Botschaften für alle. Die Auswahl am gedachten und geschriebenen Wort ist gewaltig. Die Folgen, darüber zu wenig zu wissen, sind fatal: Suchen und Finden sind dabei die ärmstem Krücken, um die Papiere das Laufen zu lehren.

Also: Räumen wir auf, lösen wir den Kopfknoten und bedienen uns einiger kluger Regeln. Neben den vielen, die es bereits über alles und jedes gibt, ist diese die einfachste: Alle können das ABC.

Das **ABC** benützen heißt letztlich:

a) alphabetisch ablegen,
b) jedes Schriftgut beim Namen nennen,
c) die Chronologie durchhalten,
d) keine Ausnahmen gelten lassen,
e) das ABC innen und außen im Ordner anwenden.

»Die Ordnung ist die Lust der Vernunft, aber die Unordnung ist die Wonne der Phantasie.« (Paul Claudel)

Er meinte sicher nicht das Büro und sein Umfeld.

Bürologistik – Wie geht das?

Der Beginn der Aktion »Eine Frau räumt auf« ist immer die genaue Begehung des Platzes Büro, des Archivs in den Konzernen, in Kleinbetrieben, beim Einzelkaufmann, bei Freiberuflern und Künstlern. Um das Mengengerüst festzustellen, werden sämtliche Schubladen, Schränke und Ecken freigelegt, damit vom Radiergummi bis zum letzten Ordner alles in die Neuorganisation einbezogen werden kann.

Die Vorgehensweise in Stufen hat gezeigt, dass die Techniken nacheinander gelernt werden.

Gleichzeitig sind alle Mitarbeiter der zu organisierenden Einheit als Team einzubinden, damit die Einrichtung der Logistik einheitlich vollzogen werden kann.

Es ist ist bindend, dass alle Beteiligten die Idee verinnerlichen. Es gibt keine Ausnahmen. Vom Manager bis zur Assistentin und zum Azubi sind alle dabei: von A–Z.

Die Bürologistik hat zum Ziel, perfekte Ordnung und Kultur in das Chaos zu bringen, damit das kultivierte Chaos wie Freizeit genossen werden kann.

❖ Es kommt Ordnung auf den Tisch.
❖ Es entsteht Transparenz.
❖ Es entsteht eine Kostenminimierung.
❖ Es entsteht via Erkenntnis, wie *einfach* Büro ist, wenn die Regeln befolgt werden.
❖ Es entsteht das Zeitkonto. Sie erwirtschaften Zeit, vermeiden Doppelbearbeitungen. Mit dieser Zeit können Sie mehr anfangen.
❖ Sie können neue Geschäfte beginnen oder Ihre Lebensqualität am Arbeitsplatz optimieren oder nach Hause gehen und Freizeit haben.

Es geht nicht nur um Büroeinrichtung, Ordner und Mappen, sondern um eine ganzheitliche Lösung und Abwicklung von Büroabläufen. Dazu eine bewusste Kommunikation, die allen ermöglicht, sich auszukennen und den Arbeitsplatz der Kollegen zu kennen, ohne jeden Einbruch in die Intimität der persönlichen Aura.

»Oh, Heilige Ordnung, du segensreiche«
Friedrich Schiller, Die Glocke

Der Büroarbeitsplatz bekommt Qualität.

Die neue Qualität ist berechenbar. Haben Sie es gewusst?

Sie werden Zeitsammler: Ein Ordner fasst 500 Blatt, mit 14 Handgriffen pro Blatt entsteht ein Kostenaufwand pro Blatt von 0,40 DM. Teuer? Sie haben diese Kosten noch nie in Ihre Kalkulation einbezogen. Bei einem Formularsatz von sieben Exemplaren, gibt es dann diesen Milliardenordner sieben Mal in verschiedenen Abteilungen.

Sie werden Platzsammler: Für die Ordner brauchen Sie Regale im Büro und im Archiv. Haben Sie so viel Platz? Sie werden entdecken, dass Sie weit weniger Schriftgut brauchen. Aber ja, der PC. Sie haben alles noch einmal auf dem PC, und wenn dieser abstürzt, gibt es alles noch auf Diskette und im Back-up. Haben Sie so viel Platz?

Sie werden Kultursammler: Wenn die Wände frei sind, die Tischplatte wieder sichtbar geworden ist, der Fußboden endlich wieder geputzt werden kann, weil alles weggestaut ist, die Möbel mit Einsatz von Ergonomie »geschrumpft« sind, leisten Sie sich endlich wieder den Luxus der individuellen Sicht im doppelten Sinn: bessere Lebensqualität am Arbeitsplatz.

Kultur ist laut Brockhaus folgendermaßen definiert: »Kultur ist die Lebensäußerung eines Volkes.«

Also übernehmen wir die Verantwortung für

Zeit – Raum – Kultur, eine gute Vision für das Büro und dessen Inhalte.

B Bürologistik

Praxisbezogene Beratung

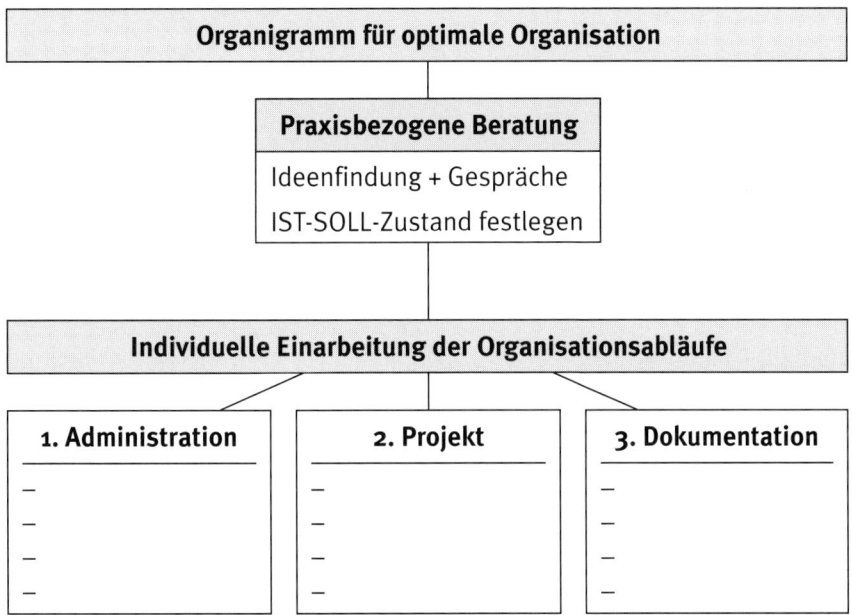

Wie sieht Ihr Büro aus? – Haben Sie es satt?

Dann analysieren Sie Ihren Arbeitsplatz, den Büroraum, Ihre Schubladen. Zählen Sie Ihre Ordner, Ihre Stapel. Das, was Sie schon immer mal lesen wollten. Entdecken Sie in Ihren Schubladen vor Jahren eingelegte Gegenstände: die »Uralt-Zahnbürste«, die Instant-Suppe, alte Adressen, Strumpfhosen, einen unmodernen Binder, leere Batterien, verklebte Büroklammern.

An den Wänden hängen mit Reißzwecken angeheftete Kalenderblätter, Kielregatta 1972, Pinwände sind gespickt mit wichtigen Bekanntmachungen, vier Jahre alt, und das Foto von Karl und Anna. Die Möbel, spartanisch oder zu viele oder alles zugerammelt, den Drucker als Sichtschutz gegen Besucher. Wild wuchernde Pflanzen als Trennschutz. Alte Verpackungen von PC und Papier unter den Schreibtischen. Kurz: weder praktisch noch schön oder sinnvoll, aber kommunikationsfeindlich.

Bei sich zu Hause machen Sie das natürlich nicht so: »My home is my castle«?

Da sind noch weitere äußere Merkmale: Es gibt die günstigen Arbeitsplätze, bei denen durch Umzüge eine »Entschlackung« stattgefunden hat. Diese Büros sind aufgeräumter, sehen ordentlicher aus, aber meistens hält dies nicht sehr lange an.

Die gewohnten Verhaltensregeln bringen selbst neue Büros in den »alten« Zustand. Es ist alles wie vorher.

Ein Umzug steht bevor. Investitionen für neue Möbel werden getätigt (ohne die alten Muster zu überprüfen). Sie ziehen um ohne wirklich neues Konzept. Der Umzug bedeutet keinen Neuanfang. Die »Sitten« und »Unsitten« bleiben fröhlich erhalten. Sie bleiben der individuell ablegende Individualist. Selbst nutzlose Pinwände werden mit umgezogen. – Erkennen Sie sich?

» Creatio ex nihilo. «
– » Das Schaffen aus
dem Nichts. «
Horaz

Alles riecht neu, und Frau und Mann finden es schön, in einem hellen Büro zu arbeiten. Ein halbes Jahr später hat natürlich keiner einen Schock, weil es ja wie immer aussieht. Der Platz ist wieder das ungeliebte chaotische und/oder ein unordentliches Feld, das jeder halt hinnimmt wie einen alten Kaffeefleck im Teppich. »Es ist ja nur das Büro.«

Das heißt, es gilt, die alten Gewohnheiten abzubauen und durch neue zu ersetzen.

Definition von Administration

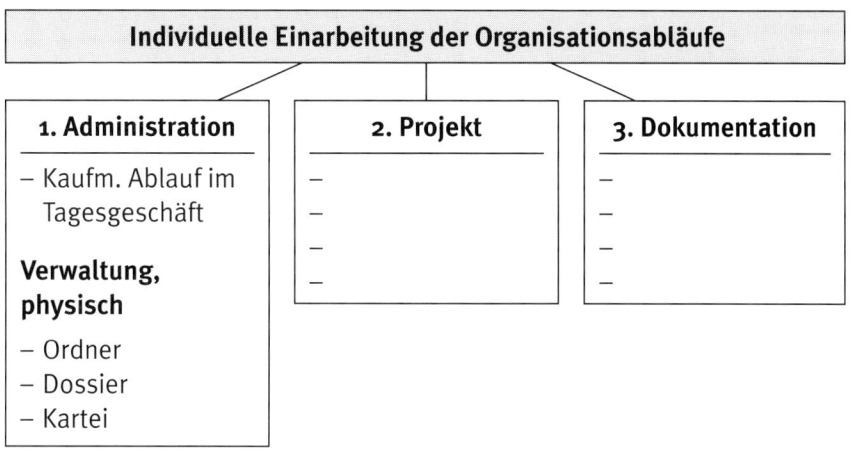

Suchaktionen kennen Sie! Sie suchen einen Brief? An allen möglichen Stellen. Meistens befindet er sich in der »Zwischenablage« beim Chef oder in der letzten Reisemappe vom Abteilungsleiter, die seit Wochen ungeleert im Schrank vor sich hindämmert. Keiner hat diesen Brief. Und auch der Manager hat ihn nicht, weil er einfach nicht weiß, dass der Brief im Schrank sicher gehortet ist, einfach vergessen.

Ja, natürlich, im PC ist er zusätzlich versteckt, aber ohne Änderung etc. Und sicher haben Sie die Zeit, die sie zum Suchen benötigen, nicht gerechnet oder gar aufgeschrieben.

»Suchen ist ein Arbeitsvorgang und gehört zur Arbeit.« Eine alte Denkgewohnheit.

20 Prozent der Arbeitszeit ist Privatzeit, 80 Prozent bleiben für die eigentliche Arbeit, 10–15 Prozent der eigentlichen Arbeitszeit gehen mit Suchen, Finden, Neuausdrucken, und Ersetzen weg, werden aber als Zeitaufwand nicht gezählt. Warum eigentlich nicht?

Ach ja,   das Kopieren!

kopieren: aus Angst,
kopieren: weil man nicht weiß wohin,
kopieren: zur Sicherheit,
kopieren: Sammler für die Transparenz,
kopieren: als Beweis für oder gegen ...

Bei all diesen Aktionen brauchen Sie Platz für Ihre Ordner.

Platz: – für doppelte Ablage,
              – für doppelte Projektordner bei jedem Techniker,
              – in der Spedition,
              – im Archiv,
              – in der Abteilung von Alpha und Omega.

Kommen Ihnen gute Gedanken? Geht Ihnen ein Licht auf?

Aktenstau! Aufbewahrungsfristen sind meist unbekannt und werden nicht auf dem Aktenordner notiert.

Und wer hat für die Aktenläufe die Verantwortung? Wer zeichnet dafür, wenn 15 Jahre Auftragsakten in einem Büro vergilben?

Viel Papier beweist noch keinen hohen Status oder schafft gute Bewertungen. Ansammlungen von Geschäftsvorgängen in Chefetagen sind nicht beeindruckend, nehmen Platz im Schrank weg. Führen und Leiten heißt Menschen führen und nicht Papierhaufen regieren.

ADMINISTRATION: Welcher Bereich des Schriftgutes ist das?

Ein Teil des Schriftgutes betrifft ausschließlich die Selbstverwaltung eines Hauses, einer Firma, einer Abteilung, betrifft die Einzelhändler, die Journalisten, Musikerinnen und Musiker. Kurz: Jede Branche, jeder Einzelbetrieb, jeder Privathaushalt muss sich organisieren, Regeln befolgen, damit die Kommunikation, der Austausch, stattfindet. Im Büro einer Firma ist es die Aufgabe der Verwaltung, den »Laden« am Laufen zu halten, wie zum Beispiel:

- ❖ Post: Aus- und Eingang,
- ❖ tägliche Terminerfassung,
- ❖ Korrespondenz,
- ❖ Kopieren,
- ❖ Rechnung erstellen,
- ❖ Korrespondenz- und Unterschriftenmappen,
- ❖ Rechnungen prüfen und verteilen,
- ❖ Telefondienst,
- ❖ Jubiläen verfolgen,
- ❖ Ablage einmal wöchentlich,
- ❖ Kopien jeden zweiten Tag,
- ❖ Büromaterial einmal im Monat bestellen.

Das gilt ebenso für zu Hause: Sie haben einen Mietvertrag – Ihre Rente zu verwalten. Denn wir alle leben in einem Verbund, sind miteinander vernetzt, unentrinnbar. Es sei denn, Sie finden die »Insel«.

Egal, welche Kriterien besetzt werden sollen. Das Alphabet ist die Grundlage des Logistikbausteins und wird konsequent eingesetzt. Haben Sie herausgefunden, welches Schriftgut zur Verwaltung gehört, bezeichnen Sie alle Papiere, alle Ordner, die dazugehören, mittig mit einem »A«. Alle Ordner, die mit einem »A« versehen sind, stehen im Alphabet aufgereiht.

»Ich will lieber eine Ungerechtigkeit begehen, als eine Unordnung ertragen.«
Johann Wolfgang von Goethe

Wer steht schon gerne vor einer Ordnerwand und ist gezwungen, alle Ordnerrücken abzulesen. Sie sind meistens unleserlich beschriftet oder gar nicht, oder es ist nicht das im Ordner, was außen draufsteht. Kommt Ihnen das bekannt vor?

Es geht schneller, wenn Sie wissen, dass die Ordner im Alphabet stehen.

So entsteht, wie in einer Bibliothek, eine Reihe nur mit so genannter Administration. Sie haben die Verwaltung Ihrer Firma in einem Griff.

Beispiel: Bank, Budget, Finanzamt, Korrespondenz extern, Korrespondenz intern, Organisation, Personal, Qualitätsanalyse, Rechnungen, Versicherungen, Verträge, Ziele.

Auf den Ordnerrücken stehen keine mit Schreibmaschine geschriebenen Romane, die nur mit Brille lesbar sind, sondern eine klare Aussage:

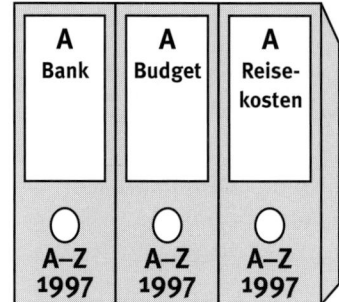

Die Ordner sollen vom Arbeitsplatz aus lesbar und greifbar sein.

Es ist außerdem festzustellen, dass es in jedem Büro einen administrativen Bereich gibt. Jeder Mitarbeiter hat zu diesem Thema Ordner. Jeder hat ein Organigramm, jeder hat Korrespondenz extern und intern, ein Sideboard mit einem Regalbrett von A-Ordnern.

Sie können auch eine Hängeregistratur verwenden, die ebenfalls nach dem Alphabet angeordnet wird. Jedes Thema wird angeschrieben. Bei Überfrachtungen der Hängemappen werden diese aufgelöst und in Ordner »umgetopft«.

Sie kennen alle diese Hängemappen, 20 cm dick, gefüllt mit Schriftgut, weder sortiert nach Datum oder Themen, die beim Suchen nur eine Möglichkeit lassen: alles auspacken und filzen.

Kampf den Hängebauch-Schweinen

In Büros, wo sich die ungeordneten Akten zu Bergen türmen, fühlt sie sich besonders wohl. Verstopfte Aktenschränke lassen ihre Augen funkeln. Für übervolle Hängeregistraturen kennt sie nur einen Namen, bevor sie zur Tat schreitet: Hängebauch-Schweine.

Edith Stork heisst die Dame. (...)

(aus: Winterthur Nachrichten)

Sie wissen jetzt, was »A« wie Administration bedeutet. Die Reihe von Ordnern steht vor Ihnen.

Definition von Projekt

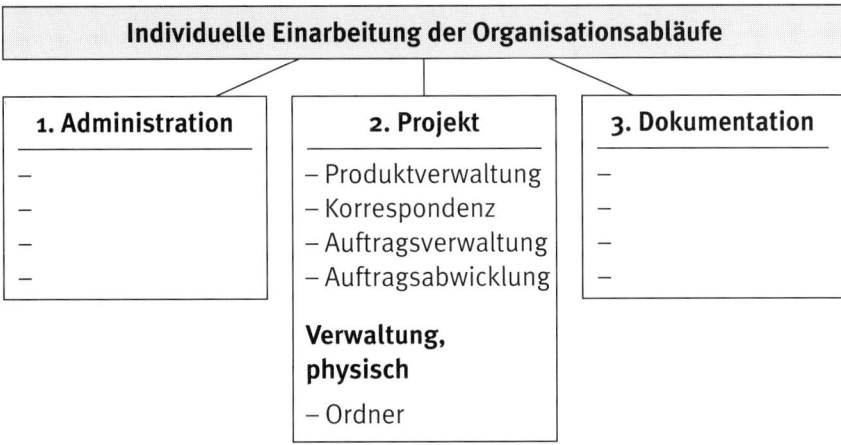

Einfach gesagt meint der Begriff »Projekt« das, womit Sie auf dem Markt sind:

❖ Ihr Produkt,
❖ Ihre Dienstleistung,
❖ Ihr Projekt,

also das, womit Sie Ihr Geld verdienen.

Auch diese Form des Klassifizierens ist systemimmanent. Jede Firma, jede Einzelhandelsfirma, jeder Journalist hat sein Produkt, sein Projekt.

Bei der Klassifizierung stellen Sie das Produkt, Ihre Dienstleistung, ins Alphabet. Es entsteht eine Reihe Ordner mit der Bezeichnung »P« auf dem Rücken. Dies gilt beispielsweise für:

❖ Aktionen,
❖ Verträge,
❖ Vertragsabläufe,
❖ interne Abwicklung von Aufträgen,
❖ externe Verfolgung,
❖ Konzepte,

- ❖ Verhandlungen,
- ❖ Akquisitionen,
- ❖ Endabwicklung.

PROJEKT: Welcher Bereich des Schriftgutes ist das?

In den Projektordner gehört natürlich Korrespondenz alias Auftragsverwaltung und -abwicklung. Die Verwaltung eines Projektes ist eine andere als die Ihres Hauses, der Administration, deshalb »P«.

Sie haben eine Reihe von Ordnern mit einem »P« in Griffnähe im Regal vor sich stehen. Die Reihenfolge ist wieder durch das Alphabet bestimmt. Auch hier entsteht, durch die konsequente Reihe, ein komfortabler Zugriff.

Die Möglichkeit für eine Hängeregistratur, die im Alphabet geführt wird, ist ebenfalls gegeben. Bedingung ist die Überfüllung zu vermeiden. Gewöhnen Sie sich eine korrekte Beschriftung an. »Taufen« Sie Ihre Ordner! Ordner und Hängemappen, die nicht beschriftet sind, sind verloren. Der Anspruch ist durchaus sinnvoll und gerechtfertigt, jedes Wissen, jede Sammlung von Schriftgut sollten Sie klassifizieren und beim Namen nennen.

Notfallbuchten, wie DIVERS, ALLGEMEIN, VARIA, KUNTERBUNT sind nicht gestattet. Jedes Ding, jedes Stück Papier hat einen Namen wie Sie selbst auch. Ihren Namen ändern Sie nie. Das tun Sie im Sprachgebrauch auch nicht, Sie werden getauft, Sie heißen ein Leben lang August oder Elvira.

»Ordnung ist die Verbindung des vielen nach einer Regel.«

Immanuel Kant

Ein Schriftgut bleibt ein Angebot, bleibt eine Rechnung, bleibt eine Aktennotiz. Die Ordner und Hängemappen mit der Bezeichnung ALLGEMEIN sind immer gefüllt mit »Ahas« und »Na, endlich finde ich das«; »Schade, dass ich es jetzt erst finde!«

Wenn Sie sich an die Regeln halten, minimiert sich die Zeit des Suchens, und Sie beginnen, Zeit zu sparen. Lösen Sie die Abenteuermappen auf, in denen nichts sofort zu finden ist. Ihre Projektakten werden sich »entschlacken«.

Routine → Tagesgeschäft → Schneller Zugriff → Information zum Projekt

---

Definition von Dokumentation

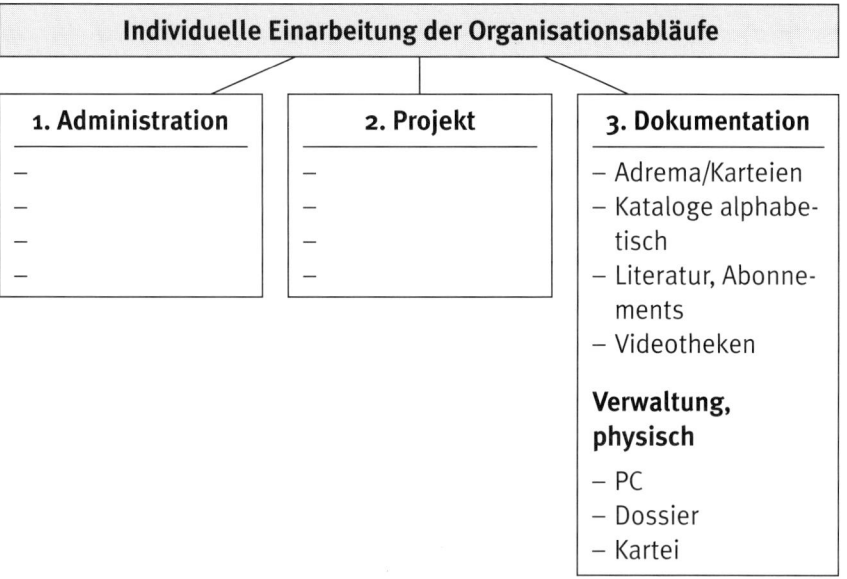

Individuelle Einarbeitung der Organisationsabläufe		
1. Administration	**2. Projekt**	**3. Dokumentation**
– – – –	– – –	– Adrema/Karteien – Kataloge alphabetisch – Literatur, Abonnements – Videotheken **Verwaltung, physisch** – PC – Dossier – Kartei

Mit Dokumentation sind folgende Begriffe gemeint: Bücher, Zeitschriften, Mediathek, Videothek, Graue Literatur (kopierte Seiten aus Zeitschriften und Büchern etc.).

DOKUMENTATION: Welcher Bereich des Schriftgutes ist das?

Dokumentation ist der Teil des Schriftgutes, der ausschließlich die Literatur umfasst:

❖ Literatur zum administrativen Teil: beispielsweise Duden, Kataloge.
❖ Literatur zum Projekt, zum Beispiel Projektbeschreibungen, Literatur zur Fachlichkeit des Projekts.
❖ Literatur zur Dokumentation: die Historie des Hauses, die Bibliothek.

Kataloge, Werbung, Bücher und Zeitschriften können genau klassifiziert werden. Sie können also von Ihnen exakt zugeordnet werden:

❖ Sie gehören in den administrativen Bereich wie Duden, Sekretariatsschriften, Loseblattsammlungen;

- ❖ sie gehören zum Projekt, zum Produkt als Ergänzung, wie zum Beispiel ein Geschäftsbericht oder eine fachliche Information;
- ❖ sie gehören zur Weiter- oder Fachausbildung der Mitarbeiter.

Dokumentation heißt:

- ❖ Jede Adresse sofort erfassen.
- ❖ Literatur bestellen, erfassen und verschlagworten.
- ❖ Kataloge aktualisieren pro anno.
- ❖ Karteien für spätere Eingabe in PC vorbereiten.
- ❖ Abonnements verfolgen.
- ❖ Personalregister mit Geburtstagen und Jubiläen aktualisieren.
- ❖ Werbung verteilen.

Sie werden mit DOK (als Kurzform) bezeichnet und in Ordnern, Hängemappen und offenen Stehboxen aufbewahrt. Sie unterscheiden firmeneigene bzw. durch Fremdfirmen erstellte Kataloge, Werkmaterialien, Bücher und Zeitschriften.

Auch diese werden genau geordnet und wie in einer Bibliothek alphabetisch aufgestellt. Es entsteht eine DOK-Reihe A–Z mit einem komfortablen Zugriff.

Aber, wehret den Anfängen. Denken Sie daran, gleich am Anfang alle Kataloge zu selektieren und nicht unnötig zu sammeln.

» Die Seele jeder Ordnung ist ein großer Papierkorb. «
Kurt Tucholsky
zu dem Begriff »Schnipsel«

Sie haben nicht unbegrenzt Platz. Der Stapel Literatur, den Sie »schon immer mal lesen« wollten, sollte nicht drei Jahre bei Ihnen auf der Fensterband sitzen. Stellen Sie sich stattdessen eine Lesebox hin. Wenn sie voll ist, denken Sie darüber nach, warum sie sich nicht »von selbst« leer liest.

Richten Sie sich eine feste Lesezeit ein. Lesen Sie mit Schere und Marker, damit im Falle eines Umlaufes ein zweites Lesen nicht erforderlich wird, da die Themen angestrichen sind. Unterschätzen Sie nicht die Zeit, die Sie aufwenden müssen, um Wissen zu horten und zu verwerten und/oder für Dritte zugänglich zu machen. Verteilen Sie die Themen oder Zeitschriften zum Lesen an verschiedene Mitarbeiter, die themenspezifisch lesen.

Mit dieser Maßnahme sparen Sie Zeit.

Wissen Sie, wie viele Abonnements, Mitgliedschaften und Loseblattsammlungen seit Jahren laufen, ohne dass kontrolliert wird, ob wirklich alle genutzt werden? Wie zum Beispiel das Abo für einen Mitarbeiter, der bereits seit drei Jahren ausgeschieden ist. Mit der Überprüfung der Abonnierungen sparen Sie Geld. Denn ungeordnete, gestapelte Literatur kostet Geld. Und Bücherregale sowie Zeitschriftensammler kosten Platz.

Zeit – Geld – Platz sparen, aber nicht am organisierten, angeschriebenen Wissen. Es braucht jemanden, der sich der Dokumentation fachlich annimmt, das heißt, jemand erhält den Schlüssel, die Verantwortung. Damit ist die Dokumentation unter Kontrolle. Zufälle werden ausgeschlossen. Denn: Wissen ist Macht. Und das ist in diesem Fall keine Platitüde.

Einen leichten Sarkasmus könnte man in Bezug auf das Niveau zitieren, mit dem heute immer noch mit Literatur in unorganisierten Büros umgegangen wird:

»Beim Abgang sprach der Lehrer von Nöten der Jugend und vom ethischen Niveau. Es hieß, wir sollen jetzt ins Leben treten. Ich aber trat leider nur ins Büro.« (Mascha Kaléko)

Definition von Archiv

Das Archiv ist in den meisten Fällen ein abgelegener Keller oder Lagerraum, voll mit Umzugskisten ohne Aufschriften. Es begegnen einem auch Keller mit Wassereinbruch: Kurz: Es handelt sich um Abstellräume, die keinen interessieren.

Schließlich muss ja zuerst Geld verdient werden mit dem Produkt. Das Nachordnen wird nicht kalkuliert.

Aufbewahrungsfristen sind auf Ordnern und Kisten nicht notiert, das heißt, auch Archive sind voll oder überladen und bedürfen der Kontrolle. Meistens wird dann überlegt, ob man anbaut oder Raum anmietet, um ein weiteres »Unlager« zu installieren.

> **Kongruenz in Ablage und Registratur zum Tagesgeschäft!**

Im Archiv soll, genau wie in der lebenden Ablage, die Reihe

A   = Administration,
P   = Projekt,
DOK = Dokumentation

entstehen nach genau den gleichen Kriterien.

Meine schönste Fundsache stammte aus dem Jahr 1915, uralte Fotografien, braun vergilbt, dennoch gut erhalten. Die Fundsache wurde dem Historischen Archiv des Konzerns übergeben. Offensichtlich hatte seit 1915 niemand mehr diesen Platz »aufgeräumt«.

Also ist ein Akten- und Lageplan im Archiv unabdingbar. Und Sie wissen, Papier ist geduldig und brennt lang.

Es ist sicher ein Raum, der nur ein- bis zweimal im Monat aufgesucht wird. Ist die Zugriffsmöglichkeit optimal, finden wir Regale von A–Z vor, alles präzise beschriftet. Sie haben dann im Archiv die gleiche Ordnung wie an Ihrem Arbeitsplatz.

Drittes Morgenstern'sches Kabinett

Im anderen Falle verbringen Mitarbeiter unbotmäßig viel wertvolle Zeit beim Suchen in selbst gestalteten Rumpelkammern.

Aber die haben Sie ja zu Hause auch. Mal ehrlich, Ihr Keller und Dachboden? Und alles, was da steht, wurde mal für »teures« Geld angeschafft. Der Wertverlust wird hingenommen.

Wir vernachlässigen unseren Besitz, anstatt ihn zu verwalten und den Wert zu erhalten.

Das wiederholt sich im Büro, im Archiv. Dabei kann man wieder

Geld – Platz – Zeit

sparen.

Wer hat schon Lust oder gar Zeit, hier zu suchen

Archiv im PC, im Scanner, im digitalen System:

Behörden, Ärzte, Konzerne, einfach alle, müssen laut Gesetz Aufbewahrungsfristen einhalten. Meist füllen die Akten Keller, Lagerhallen und Garagen. So entsteht Raumbedarf, kilometerlang. Bei der Anwendung von digitaler Archivverwaltung minimiert sich der Platzbedarf erheblich und Mietkosten erübrigen sich.

Digitale Archivierung hat zudem den Vorteil einer schnellen Zugriffsmöglichkeit nach beliebigen Kriterien: zum Beispiel nach Produkt, Kundennummer, Land, Kontonummer etc. Eine Aufarbeitung ist immer gewährleistet.

WOW! Auf eine CD passen einhundert Ordner (pro Ordner fünfhundert Blatt).

Da sollten SIE nachdenken. Das Schriftgut wird per Scanner erfasst, ist oder soll danach unveränderbar sein (Datenschutz) und ist für alle abrufbar. Der

Papiersatz kann vernichtet werden. Ausgenommen davon sind Bilanzen und Buchhaltung, Verträge und Gründungsunterlagen.

Unberechtigter Zugriff wird per Organisationsanweisung festgelegt. Die Lesbarkeit ist für circa 30 Jahre angesagt. Bei Versionswechsel ist aber Vorsicht geboten. Die Voraussetzung für eine Umstellung ist dennoch ein logistisch aufbereitetes Büro.

Seien Sie initiativ! Wie oft ist ein Papiersatz »oben« im Büro abgelegt, wie oft im PC? Wie oft im Archiv, in Ihrem selbst erstellten Labyrinth?

Kretisches Labyrinth

C Chaos

(siehe Nachwort)

„ICH SEHE, SIE HABEN ENDLICH IHREN ARBEITSPLATZ AUFGERÄUMT, PICHLER. JETZT SAGEN SIE SELBST, IST ES NICHT VIEL BESSER, WENN ALLES SEINE ORDNUNG HAT ?!"

D   Dokumentation

Definition von Literatur

Literatur/Dokumentation kostet Geld

❖ in der Ausstattung,
❖ in der Verwaltung,
❖ Personal und
❖ Zeit.

Es ist wichtig, in einer Firma sehr genau darüber zu befinden, ob, wie und wie viel Dokumentation belegt werden muss. Literatur sammelt sich nicht von selbst an. Wenn der Bedarf besteht, ist es unabdingbar, dass eine Kostenrechnung erstellt wird.

Meistens wird in den Einzelbüros Literatur angehäuft, nicht katalogisiert, nicht angeschrieben. Alles, was nicht angeschrieben ist, ist verlorenes Wissen oder unauffindbares Wissen.

Gibt es eine Zentralbibliothek, bedeutet das einen großen Kostenaufwand und Personalapparat. Oft sind zwischen Einzelbüros und den Literaturbedürfnissen auf der einen Seite und der Zentralbibliothek auf der anderen Seite Diskrepanzen festzustellen. Das Wissen »fließt« nicht.

Literatur ist ein arbeitsintensives Feld im Büro. Literatur sammeln bedeutet

❖ Themen,
❖ Schlagworte,
❖ Wissen

bereitstellen.

*» Ordnung,
Präzision,
Geschwindigkeit sind
Eigenschaften, von
denen ich täglich
etwas zu erwerben
suche. «*

Johann Wolfgang von Goethe

1. Jeder braucht Literatur zur Erweiterung von Wissen, Fachliteratur zum Produkt, Themen zur Wirtschaft. Informationsbeschaffung ist angesagt. Dabei stellen sich folgende Fragen:

   ❖ Wie wird sie sortiert?
   ❖ Wo wird sie angesiedelt?
   ❖ Wie wird kategorisiert?
   ❖ Haben Sie eine zentrale Bibliothek?
   ❖ Stehen Bücherregale, Karteikästen, Regale für Zeitschriften bereit?
   ❖ Wer in Ihrer Abteilung ist verantwortlich für die Steuerung der Dokumentation?
   ❖ Ist die Zugänglichkeit für alle Mitarbeiter geregelt?
   ❖ Werden Neuerscheinungen bekannt geben?
   ❖ Wurde ein Ausleihmodus festgelegt?
   ❖ Wird die Videothek gepflegt?
   ❖ Wird ein Foto- und Pressearchiv bereitgestellt?
   ❖ Wird »Graue Literatur« gesammelt?

2. Literatur sammeln bedeutet:

   ❖ einen Katalog erstellen,
   ❖ einen Karteikasten führen,
   ❖ im PC erfassen.

3. Literatur sammeln bedeutet außerdem:

   ❖ dass Sie dafür Personal brauchen,
   ❖ oder Sie müssen organisieren, wer sich damit befasst.

4. Zudem bedeutet es, dass Sie die Dokumentation budgetieren müssen:

   ❖ Neuanschaffungen,
   ❖ Abonnements,
   ❖ Fortsetzungen.

5. Sie sollten Dokumentation nach folgenden Kriterien unterscheiden:

   ❖ eigene Firmenliteratur (Geschäftsberichte, Festschriften, Werbekataloge),
   ❖ Lieferantenkartei (Kataloge),
   ❖ Wettbewerbsliteratur.

6. Das gilt auch für Muster und Firmenkataloge von

❖ Werkzeugen,
❖ Stoffarten,
❖ und anderen Werkstoffen.

In der Tiefe des Archivs schlummert der Humor: Reinhard Hippen in seinen Arbeitsräumen.

Graue Literatur

Jeder sammelt Zeitungsausschnitte, vom Rezept bis zur Operndiva, vom Sport bis zum Kometenschweif. Wenn wir es dann ausschneiden, aufkleben, im Ordner sammeln, fällt diese Literatur unter den Begriff der Grauen Literatur. Es beinhaltet auch kopierte Seiten aus Büchern und Zeitungen. Zu bestimmten Themen sollten Sie einen Pressedienst abonnieren.

Das alles umfasst Dokumentation. Selbst wenn keine perfekte Bibliothek erstellt wird, ist es notwendig, jedes Wissen anzuschreiben. Wir verlieren nichts. Stellen Sie sich vor, es gäbe keine Straßenschilder. Ein Irrgarten.

Informationslabyrinth

Die „Unendliche Bibliothek"

Die Idee ist so nahe liegend wie reizvoll: Jorge Luis Borges' Text „Die Bibliothek von Babel" – diese Geschichte über das Universum als Ansammlung einer unendlichen Menge von Büchern und zugleich einer Metapher der menschlichen Sinnsuche und des Verirrens in der Fülle von Informationen – in einer realen Bibliothek zu inszenieren.

Als jemand dem Kölner Regisseur und Aktionskünstler Michael Staab Borges' Text mit dem Kommentar gab, das sei doch ein Thema für ihn, war er sofort begeistert.

(aus: Stuttgarter Zeitung)

Und auch hier ganz unerbittlich:

wie in der Administration Projektverwaltung gilt auch bei der Dokumentation:

Es gibt KEINE Ordner wie ALLGEMEIN, VARIA, SONSTIGES oder INTERNA, denn es gibt für alles einen Namen und eine Begriffszuweisung in allen Sprachen. Treffen Sie *genaue* Entscheidungen.

Dokumentation des Wissens

Wie machen das die »ungelernten« Manager, die nicht geschulten Assistenten, die Techniker, die Verkäufer, na, die meisten!

Es gibt Kriterien, mit denen jeder umgehen kann:

❖ das ABC,
❖ Schlagworte aus dem Fachgebiet,
❖ Stichworte,
❖ Themen,
❖ Referate.

Im Folgenden zeige ich Ihnen einige Beispiele.

Literatur

nach Autor

Fachliteratur

– Autor
– Titel
– Verlag
– ISBN
– Erscheinungsjahr und Copyright
– Verschlagwortung mit Querver-
  weisen zu:
– Schlagwortregister
– Titelverzeichnis
– Autorenregister
– Verlagsregister
– Preis

Abonnements

nach Titeln

Zeitungen, Zeitschriften

– Name der Zeitschrift
– Untertitel
– Laufende Nr.
– Jahrgang
– Erscheinungsweise
– Verlag
– ISSN
– Einordnen
– Preis pro anno

Videothek

nach Filmtiteln

Filme, Videos

– Filmtitel
– Untertitel
– Autor/Regie etc.
– Verlag (Produzent)
– Thema
– Verschlagwortung mit Querver-
  weisen
– Vertriebs- und Bezugsquelle
– Copyright
– Jahr
– Leihmodus
– Leihgebühren
– Preis

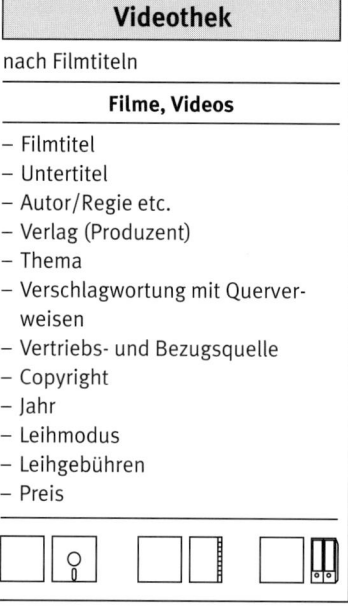

Graue Literatur

nach Themen

Sekundärliteratur, Kopien aus Zeitschriften (Clippings)

– Autor
– Titel
– Untertitel
– Jahrgang/Nummer
– Vertriebsgesellschaft
– Bibliotheken
– Leihgebühren
– Rückgabeverfolgung
– Urheberrecht beachten

Fotoarchiv

nach Themen und Personen

Pressenachrichten, Bildmaterial, Dias

– Themen festlegen
– Jahreszahl
– Personenregister
– Themenregister
– Fotografen
– Journalisten
– Dokumentation
– Verschlagwortung mit Querver-
  weisen
– Leihmodus
– Leihgebühren

Graue Literatur zu sammeln ist sehr arbeitsintensiv. Beim Lesen verwenden Sie Schere und Marker. Die Artikel werden aufgeklebt und alphabetisch abgeheftet. So entsteht eine Sammlung, in der Sie Ihr Wissen sortiert im Alphabet wieder finden für die Referatsgestaltung oder in der Sie Ihr Fachwissen dokumentieren als Nachschlagewerk.

Ach so! Sie können das auch scannen und im PC ablegen, verschlagworten und immer wieder aufrufen.

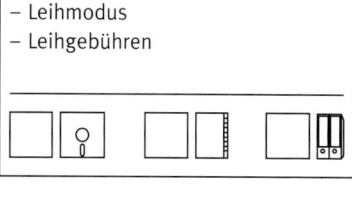

EDITH STORK
Ordnung ist das halbe Leben.

Aufbewahrung der Dokumentation/fachgerechte Lagerung

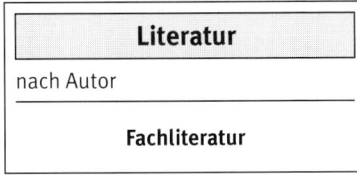

Literatur
nach Autor
Fachliteratur

Literatur: Dazu zählen Fachbücher, Nachschlagewerke, Fachliteratur usw. Diese sollten Sie in Schränken oder in Regalen aufbewahren.

Abonnements
nach Titeln
Zeitungen, Zeitschriften

Abonnements können Sie in Stehboxen oder Ordnern ablegen.

Videothek	**Fotoarchiv**
nach Filmtiteln	nach Themen und Personen
Filme, Videos	**Pressenachrichten, Bildmaterial, Dias**

Videos und Fotos sollten Sie unbedingt in staubfreien Archivschränken aufbewahren.

Graue Literatur:
nach Themen
Sekundärliteratur, Kopien aus Zeitschriften (Clippings)

Sie legen die Themen fest und versorgen Ihre Clippings (Fachausdruck für Ihre Belege von Artikeln). Auch hier achten Sie darauf, nicht ins Uferlose zu sammeln. Schließlich ist jeder Artikel wieder zu bekommen oder nachzubestellen.

Und nun endlich sind Sie dran. Sie dürfen üben:

Kommunikationsbereich: Dokumentation und Titelerfassung von Literatur im Büro

Fotoarchiv

Graue Literatur

Videothek

Abonnements

Literatur

EDITH STORK

Ordnung ist das halbe Leben.

Und zu Hause? Mal im Ernst, Rezepte, hunderte im Schuhkarton; im Keller den Spiegel seit 20 Jahren gehortet, falls man ihn noch mal braucht. Sie kennen doch den Satz: »Wenn Kriegszeiten kommen.« Fragt man dann nach einem Inhaltsverzeichnis, gibt es keines. Das heißt, wenn ein Thema gebraucht wird, muss ich 20 Jahre Spiegel umwälzen?!

Ich greife da zum Telefon und lasse mir aus dem Verlagsarchiv das Gewünschte faxen.

Und Sie?

Haben Sie Zeit?

Zu viel Geld?

Zu viel Platz?

Im Büro, zu Hause, in Ihrem Kopf?

Aktenberge oder die Unlust des Suchens

Dokumentation von Themen A–Z

Verschlagwortung nach Themen A–Z

**Neue Themen werden ins Alphabet
integriert.**

Sammlung existiert nach Themen im Regal.

Als Schemata ist es dienlich, alle Themen zu notieren und in einem Katalog zusammenzufassen. Dadurch können alle Mitarbeiter einer Gruppe die Literatur mitbenutzen, sie nützt dem Team. Das Wissen wird verfügbar.

E   Einarbeitung in die Logistik

Büro aufräumen, »Büro« wird nicht gelehrt. Das kann man? Überall sitzen die geborenen Individualisten, Überlebenskünstler in den selbst verordneten Papierfluten. Aufräumen, Ordnen, Abstauben ist lästig wie Hausarbeit. Ordnung gibt es nur privat? Zu Hause wird aufgeräumt, weil es das Eigene ist. Oder nicht?

Räumen Sie also auf mit dem Vorurteil, Bürologistik ginge nicht. Wobei wir aber auch wissen, dass es eine Kunst ist, ohne Vorurteil zu leben.

Der Individualist kann natürlich unter anderem Papierfluten an die Sekretärin delegieren. Das Büro ist aufgeräumt, der Schreibtisch wie leer gefegt, vielleicht erledigt sie ja noch die heimische Buchführung. Aber Sie wissen ja, dass jeder ablegt, wie er oder sie kann, das heißt, in jedem Falle verschieden.

Sie kennen sicher auch das: samstags noch mal schnell in die Firma, um Unabdingbares zu erledigen. Sie wissen spätestens nach fünf Minuten, dass Sie trotz des aufgeräumten Schreibtisches schlicht nicht das finden, was Sie suchen, und das Passwort für den PC kennen Sie auch nicht. Und jede Sekretärin kennt den Anruf vom Chef, der immer beginnt mit:

»Wo ist …?«

Welch ein Kostenaufwand für die Individualistenablage! Haben Sie wirklich einmal ausgerechnet, was diese Individualistenablagen Sie kosten?

Zeit – Geld – Platz

Diese Aufreihung von drei Säulen zur Kostenminimierung kennen Sie jetzt schon. Ihre Stunde kostet DM 100,–, DM 200,–, DM 1.000,–? Zählen Sie die Minuten/Stunden zusammen, die Sie mit Suchen verbringen. Und das multipliziert mit zehn Mitarbeiter sowie deren gesammeltes »Suchzeitkonto«. Bei 100 Mitarbeitern wird das astronomisch. Und offenbar wird das in Kauf genommen.

> *»Alle größeren Organismen, auch wir Menschen, sind lebende Beweise für die Tatsache, dass destruktive Praktiken auf lange Sicht nicht funktionieren.«*
> Fritjof Capra

Ordnungsprinzip

Alphabet

Wir nehmen als Ordnungsprinzip das Alphabet für die Ordnerbezeichnung außen und innen. Innen legen wir Trennlaschen alphabetisch an oder verwenden ein vorgedrucktes Alphabet. Die Daten sollten numerisch aufsteigend abgelegt werden, und die Ordner sollten in alphabetischer Folge stehen.

P – D – A

Sie bezeichnen Ihre Ablage mit den genannten Buchstaben P – D – A und geben noch eine nähere Bezeichnung an, wenn sie nicht klar ersichtlich aus dem Schriftstück hervorgeht. Denken ist dennoch erforderlich.

Beispiel:	P/	Projekte	A–Z
Beispiel:	DOK/	Themen	A–Z
Beispiel:	A/	Administration	A–Z

Prinzip

Die Ordner sollen immer nach *dem gleichen Prinzip* angelegt werden, d.h. außen einen Begriff, A–Z und Jahr, innen die alphabetisch angeordneten Laschen, in bereits angelegten Vorgängen vorne, immer die übergeordnete Korrespondenz mit einer Lasche »KORR« nach Datum aufsteigend einrichten.

Sorgen Sie dafür, dass nicht zu viele Ordner anfallen. Sie haben für ausgedehnte Themenansammlungen nicht genug Platz. Wenn Ordner aus den Nähten platzen, bitte einen zweiten anlegen: A–M und N–Z etc. Ordner hebt man zwei Jahre auf, danach kommen sie in die Registratur oder in das Archiv. Dokumentation (Literatur) bleibt als Bestandteil des Arbeitsfeldes am Platz und wird erst in das Archiv (Bibliothek) verlagert, wenn sie fachlich überholt oder für Sie nicht mehr relevant ist.

Einmal im Jahr sollte man sich von alten Dokumenten befreien und wirklich Überholtes vernichten. Regale sind nur für Bücher und Ordner vorgesehen, weniger für Blumentöpfe und Kaffeemaschinen. Der Platz ist adäquat zu nutzen. Fensterbänke sind keine Regale, Büros keine Wohnzimmer.

Adrema

Die *Adresskartei* sollte immer auf dem neuesten Stand sein, *jede* neue Firma erfasst werden, d.h., die Mitarbeiter der Gruppe sollten ihre neuen Geschäftsadressen von Kunden und anderen Mitarbeitern regelmäßig einmal im Monat abgeben. Visitenkarten im zweiten bereits angelegten Alphabet einordnen. Die Diskettenkartei soll ebenfalls alphabetisch geführt werden.

Wenn also die lebende Ablage (noch nicht im Archiv) korrekt abgelegt wird, können die Vorgangsablagen kostenmäßig drastisch gesenkt werden. Gegenwärtig ist es noch so, dass die Einzelblattablage bei den Personalkosten bis zu 90 Prozent Gesamtkosten ausmachen.

Wenn wir dann noch die zu hohen Anschaffungen von Büromöbeln kontrollieren, die bei teamfähiger Logistik minimiert und eingespart werden könnten. Außerdem werden Sie feststellen, dass die Raumkosten durch gezielte Belegung reduziert werden können.

Sie könnten sich von diesem Geld einen Zweitwagen zusätzlich leisten, Freizeit nehmen und Ihre Berater dafür belohnen. Oder Sie haben die Insel endlich gefunden. Nachdenken und rechnen lohnt sich. Die Kirche macht das, die Banken, der Staat. Warum nicht Sie in Sachen Bürologistik?

» Wer nicht denkt, fliegt raus. «
Joseph Beuys

Und vergessen Sie Ihr Zuhause nicht, dort fehlt es sicher auch an Logistik und Ordnung.

F Finanzen

Kosten

Reden wir noch einmal von den Kosten. Was kostet Büro? Genau, nicht nur die Möbel kosten Geld, auch das Personal und die Raumkosten sind zu beachten.

Wird dieses Rechenexempel nicht als Funktion der Unternehmensführung gesehen, sondern nur als technische Aufgabe, dann misslingt die Berechnung, weil sie nicht unter kaufmännischen Aspekten gewertet wird. Das bedeutet, dass die Qualität in der Logistik nur technisch abgewickelt wird.

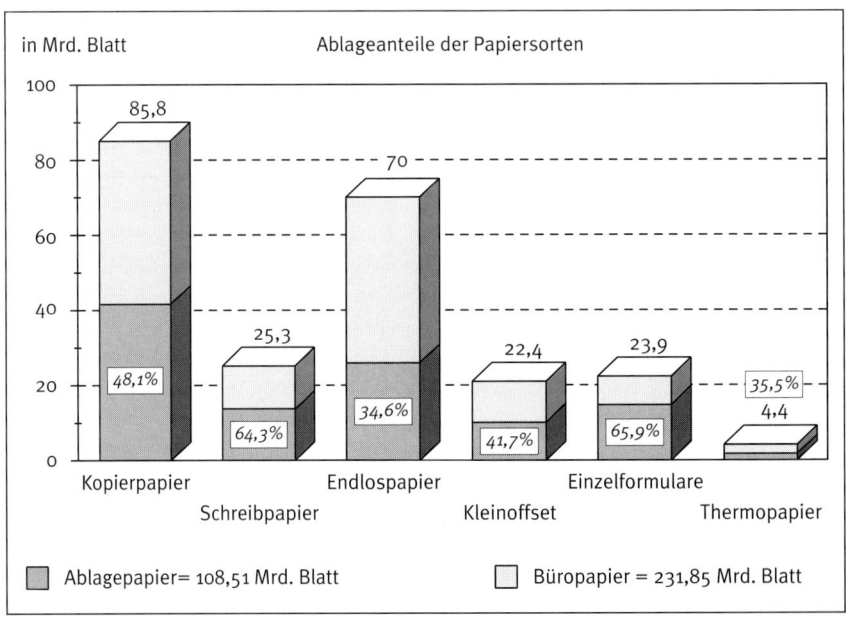

Büropapier in der Bundesrepublik Deutschland 1991

Legen Sie die Latte höher. Das beste Maß für einen höheren Qualitätsmaßstab ist, wie überall, das Geld.

❖ Pfusch in der Bürologistik kostet Geld,
❖ reparieren und verbessern von Ablagen,
❖ Gewurstel – all das kostet Geld.

Bei der Maßnahme, die Bürologistik einzusetzen, sind Berechnungen anzustellen. Als Erstes werden Sie feststellen, dass Sie zu viel Papier verwalten. Es wird zu viel Schriftgut erstellt und gleicherweise zu viel kopiert.

Zweitens werden Sie feststellen, dass Sie kein System, keine klare Methode der Ablage haben. Nicht in Ihrem Büro, nicht im Archiv. Wissen Sie, wie vollgestopft Ihr Archiv mit uraltem Schriftgut ist?

Haben Sie einmal gerechnet, was das kostet? Wissen Sie, wie viele Kilometer Sie und Ihre Papiere zurücklegen wegen nicht geprüfter Standorte? (1 Sek. = 0,80 m/1 Schrittlänge).

Zählen Sie doch einmal alles zusammen. Folgende Tabellen sollen Ihnen bei den Materialkosten mit Richtwerten behilflich sein:

Materialkosten

Regist-ratur	Möbel	Preis	Fassungs-vermögen in lfd. m	Preis je lfd. m	Behälter	Zahl je lfd. m	Preis je lfd. m	Gesamt-preis je lfd. m Reg.	Kosten je Blatt Pfg.* Möbel und Ordnungs-mittel
Ordner	Regal Schrank	200,– 1.800,–	6 6	33,– 300,–	Ordner mit Register	12	114,–	147,– 414,–	2,1 5,9
Steh-sammler	Regal Schrank	234,– 1.800,–	7 6	33,– 300,–	Sammler Einstell-mappen	10 120	120,–	153,– 420,–	2,2 6,0
Pendel	Regal Schrank	240,– 1.900,–	7 6	34,– 316,–	Pendel-hefter	60	86,–	120,– 402,–	1,7 5,7
Hänge	Vertikal-Schrank 4 Züge 2bahnig	2.000,–	4 4	455,–	Hänge-mappen	80	160,–	615,–	8,8

* Ausgangsbasis: 7.000 Blatt/lfd. m

Eigene Kostenermittlungen lassen sich über folgende Formeln durchführen:

Preis des Möbels : Fassungsvermögen (lfd. m) = *Preis lfd. m Fassungsvermögen*

Anzahl der Schriftgutbehälter je lfd. m × Einzelpreis = *Preis der Behälter*

Blattzahl je lfd. m

Preis lfd. m Möbel Fassungsvermögen × **Preis Behälter : Blattzahl** = *Preis für ein Blatt*

Raumkosten

Die Raumkosten hängen in der Regel von den jeweiligen Quadratmeter-Mietpreisen ab. Für die folgende Kostenberechnung haben wir DM 20,– pro Quadratmeter zugrunde gelegt. Dazu kommen 50 Prozent Unterhaltungskosten wie Heizung, Strom, Reinigung usw. Insgesamt ergeben sich also pro Quadratmeter DM 360,–.

Registraturart	Grundfläche Möbel inkl. Bedienungsgang	Blatt Schriftgut	Raumkosten je m²/Jahr DM	Raumkosten je Blatt/Jahr
laterale Registratur (Ordner, Pendel, Sammler)	0,80 m²	42.000 (= 6 m Registratur)	360,–	0,7
vertikale Registratur (Hängeregistraturen) in Vertikalschränken	0,96 m² (inkl. Auszugsraum)	30.800 (= 4,4 m Registratur)	360,–	1,1

Bei den Angaben der Blattzahl wurde von 7.000 Blatt je lfd. Meter Registratur als Durchschnittswert áusgegangen.

Die Errechnung eigener Werte lässt sich über folgende Formel durchführen:

Grundfläche Möbel + 100% Bedienungsgang = *Gesamtfläche*
Mietkosten pro m²/Jahr
Blattzahl je Möbeleinheit (lfd. m × 7.000 Blatt)

Gesamtfläche × **Mietkosten pro m²/Jahr : Blattzahl** = *Raumkosten je Blatt/Jahr*

Personalkosten

Ein nicht unerheblicher Teil der Kosten entfällt allein auf den Ablegeaufwand. Die nachstehende Tabelle zeigt durchschnittliche Erfahrungswerte bei namensalphabetischer Ordnungsweise und Belegeablage.

Registratur-System	Gesamtleistung Blatt/Tag (8 Std.)
Ordner-Registratur, Register	500
Sammler-Registratur, Einstellmappen (loseblatt)	600
Pendel-Registratur, Hefter	400
Hänge-Registratur, Hängemappen (loseblatt)	700

Wenn man die Kapitalflussrechnung anstellen will, müssen noch weitere Berechnungen vorgenommen werden, jedoch würde das den Rahmen dieses Buches sprengen.

Deshalb reden wir noch einmal von der Methode der Kostenminimierung im Büro durch gezielte Logistik. Bei einer Maßnahme wie der Einführung der Bürologistik muss eine Egalisierung der Ablage und der Abläufe erfolgen, das heißt, das Arbeitsverhalten muss sich ändern.

Ach, Sie wissen das schon! Erst, wenn das oberste Management bereit ist, als Vorbild den eigenen Stall auszumisten, wird Besserung eintreten im Kopf und in der Praxis.

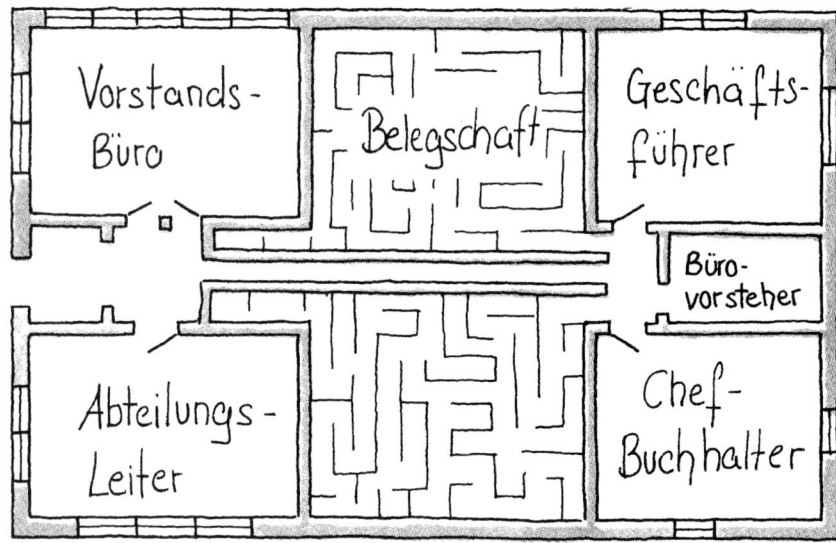

Bei richtiger Anwendung von Qualität können durch die Bürologistik bis zu 40 Prozent Betriebskosten eingespart werden. Bürologistik hat erst Qualität, wenn sie als Erfüllung von Anforderungen definiert wird und nicht als »Güte«.

Existenzgründungen und Erstgründungen

Sie wollen sich selbstständig machen? Sie haben ein Produkt? Sie gründen ein Büro. Sie haben alles beisammen, nur Ihr Büro ist nicht organisiert: Sie haben das nicht mitbedacht: Diese Form von Naivität kostet Sie Geld. Sie werden mit dem Verkauf Ihres Produktes bzw. Ihrer Dienstleistung beschäftigt sein. Wichtigstes Potenzial sind die Kunden, Ihre Klienten. Was sich da an Papieren, Verträgen, Finanzamtbelegen sammelt, bleibt erst einmal unversorgt. So entsteht kein Büro, sondern eine Halde unsortierten Schriftgutes, das dann mühsam sortiert werden muss.

Die »Erstgründer« sind natürlich wie die Großen vernetzt. Da ist die Bank, das Finanzamt, die Korrespondenz und die lästige Buchhaltung. Sie schwimmen und ihre Stapelwirtschaft nimmt ihren Anfang. Und ich bin sicher, dass sie sich als Individualisten im Ablegen bezeichnen.

Sie erinnern sich? Sie sind Ablageindividualisten aus Mangel an Methode. Machen Sie daher das einzig Richtige: Holen Sie sich die Logistik von Anbeginn ins Haus, ins Geschäft. Sie sparen bei genauer Einschätzung

❖ an der Möbelbeschaffung,
❖ am Büromaterial;
❖ und Sie erwirtschaften Zeit.

Sie schaffen den idealen Arbeitsplatz, der nicht branchengebunden ist, sondern überall installiert werden kann. Das kaufmännische Prinzip ist überall gleich. Sie sparen in der Zukunft: Geld – Zeit – Raum.

Zur Verdeutlichung und als symbolischen Denkanstoß habe ich Ihnen drei Labyrinthe mitgebracht, verwirrend in allen drei Formen. Ersparen Sie sich Ihr Labyrinth im Büro, Sie haben jetzt den roten Faden der Ariadne.

»Ordnung führt zu allen Tugenden. Aber was führet zur Ordnung?«
Lichtenberg

Zeichnungen von Irrgärten, von links nach rechts: finnischer Steinirrgarten (Bronzezeit); englischer Torf-Irrgarten (19. Jahrhundert) und ein Irrgarten auf dem Boden der Kathedrale von Chartres.

G   Garantien für Machbarkeit

Disziplin und Methode

Sprechen wir von der Garantie. Die Garantie, dass die Bürologistik, die Sie eingeübt haben, eingehalten wird, liegt ausschließlich bei Ihnen. Sie allein sind dafür verantwortlich, ob die folgende Methode zum Einsatz kommt.

Die Methode,	das ABC die alphabetische Logistik, Schriftgut in drei Dimensionen zu teilen: Administration, Projekt und Dokumentation;
die Methode,	Ordner innen und außen alphabetisch zu ordnen;
die Methode,	bei der Administration selbst, beim Postlauf und beim Umlauf von Dokumentation, die Form der Dreierteilung einzuhalten;
die Methode,	dass die Logistik von allen Mitarbeitern besetzt wird. Die Egalität also in jedem Büro eingehalten wird.

Die »Implantierung« dieser Logistik im Kopf und im Büro liegt in der Wahrhaftigkeit der Abfolge. Sie ist ausnahmslos zu besetzen. Zur Verinnerlichung und Wesentlichkeitsbetrachtung ist sie sinnvoll und zieht die Ergebnisprüfung nach sich.

Sie kommen zu dem Schluss, dass Sie mit dieser Methode

Geld sparen:	an Büromaterial, an Möbeln, an Raumoptimierung.
Zeit sparen:	um das kreative Chaos zu nützen, Zeit für neue Ideen, Zeit für Ihr Privatleben.
Raum sparen:	den Raum optimieren, Ergonomie nützen.

Diese Logistik bedeutet eine Reorganisation oder Umgestaltung, eine positive Förderung der Kommunikation. Sie erwirtschaften durch die Freilegung von Zeit so genannte Manpower.

Die Arbeitsqualität wird verbessert, oft ein positives Äquivalent zur Lebensqualität.

Die neu gewonnenen Zeiten, Räume und Freizeiten erzielen im Büro eine ganz neue »Mentalität«. Die »geräumten« Mitarbeiter fühlen sich entlastet, finden ihr Büro sogar schön. Sie sind froh, den Tisch frei zu haben. Denn das Zitat, dass ein voller Schreibtisch intensivstes Arbeiten bedeutet, ist schlicht gelogen.

Jetzt aber braten die Urlauber friedlich am Strand, weil Sie wissen, wenn sie wiederkommen, liegt alles geordnet in der Wiedervorlage.

Sie kennen das, nach ein paar Wochen retour, sitzen Sie vor einem vollen Tisch, und die Urlaubsstimmung ist hin.

Wie bereits erwähnt, sind Sie nicht alleine, nicht der Ablageindividualist, sondern Sie sind kommunikativ vernetzt, haben keine Ablegeinsel.

Dafür gibt es aber die von Ihnen erarbeitete Position der Disziplin, die Ihnen die Einhaltung der Ordnung ermöglicht. Sie wissen, wie es geht! Die Machbarkeit der Bürologistik ist für alle gewährleistet: vom Chef bis zur Assistentin, vom Techniker bis zum Verkäufer, kurz, alle aus jeder Branche.

H Humor und Freude

Individualität

Da kommt Freude auf. Es ist geräumt. Die Ecken sind frei.

Die Büros sind nach einer Reorganisation für die Einrichtung der Logistik wie neu. Durch die Optimierung der Raumnutzung entsteht eine freiere Bewegung. Die Wände sind frei.

Sie können jetzt mal ein richtiges Bild im Rahmen oder ein Plakat unter Glas aufhängen. Sie atmen auf. Die Schrankwände, gefüllt mit Ordnern, sind übersichtlich, und zwar bei jedem Mitarbeiter. Die »aufgeräumte« Journalistin ebenso wie der Chef im Büro, der jetzt weiß, dass er auch sonntags ungestört arbeiten kann. Er wird alles finden. Sind Sie oder waren Sie im Zweifel?

Sie haben Ihre Individualität nicht verloren, nur weil 20 Mitarbeiter mit der gleichen Methode ablegen. Es ist eher so, dass Sie sich mehr entfalten, weil Sie Ihr Zeitkonto für Gewinn bringende Arbeit einsetzen.

Dass im Büro gelacht werden darf, ist unumstritten. Zur Verdeutlichung eine kleine Geschichte aus der Antike:

Duftkompositionen

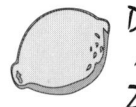

Der Duft von Zitronen im Büro soll nach Ansicht der Aromaexpertin Maria Kettenring die Zahl der Tippfehler deutlich senken. Die leicht flüchtigen Duftnoten von Zitrone, Grapefruit, Bergamotte oder Lemongras haben eine entspannende und beruhigende Wirkung.

Kurzform der Geschichte: Die Thrakerin war eine Magd aus Milet südlich von Samoa im siebten Jahrhundert vor Christus, die, als sie den philosophierenden Thales beobachtete, schadenfroh auflachte, als dieser in den Brunnen fiel, weil er ganz auf den Himmel konzentriert war.

Das als Erklärung für die nachfolgenden Worte. Ein Professor erklärte, er habe seit Neuestem eine Sekretärin, und er wisse leider auch, warum sie so lache.

Das Lachen der Thrakerin

… Die praktisch begabte Frau und der täppische Mann mit zwei linken Händen, der hilflos vor Bedienungsknöpfen und staunend vor weiblicher Handfertigkeit kapituliert.

Seitdem ist das thrakische Lächeln fast allgegenwärtig. Man vernimmt es leise, wenn die Kollegin das Computersystem schneller handhabt, als man es erklären kann; wenn die Zufallsbekanntschaft im Hi-Fi-Supermarkt High-Tech-Chinesisch wie die „Dual Frequency-Frequenzweiche" freundlich und mühelos übersetzt oder die Mutter mit ihren beiden Kindern im Gedränge des Großeinkaufs niemals Nerven und Übersicht verliert.

Besagter Schulfreund stuft seine Erfahrungen, wie die Nachfrage ergab, übrigens als anthropologisches Schicksal ein. Folglich sucht er zu nutzen, was er nicht ändern kann: Die moderne Thrakerin im Vorzimmer bringt auch in sein chaotisches Privatleben Ordnung. Während er sich als Biologe intensiv mit der Welt der Diotomeen-Algen beschäftigt, füllt sie Rechnungen und Überweisungen aus. Bei alledem darf sie nur eines nicht: Über ihn lachen.

Rainer Hein

ICH-Ordner

Nachdem die Individualisten so stark besetzt sind, geht es an das ICH:

Ich gehe davon aus, dass die Individualisten und der private Mensch die privaten Schriftstücke desgleichen nicht sortiert haben. Nehmen wir mal an: Es gibt eine Katastrophe.

Welchen Ordner nehmen Sie mit, wenns brennt? Vorausgesetzt, Sie hätten eben noch Zeit, das Wichtigste mitzunehmen. Im Geschäft, im Büro? Doch nur sich selbst! Zu Hause aber den Ordner mit dem Mietvertrag, der Versicherung? Oder die Schmuckkassette?

Für diesen Fall sollte ein ICH-Ordner da sein. In dem von A–Z Ihre persönlichen Papiere enthalten sind. Taufschein, Zeugnisse und Urkunden.

Das bedeutet auch die im Privatbereich liegende Administration ist übersichtlich zu ordnen, um Sie und Ihre Familie transparent zu machen.

Sie wissen ja jetzt, wie das funktioniert!

I   Informationsbeschaffung

(Siehe auch Dokumentation)

Beschaffung von Information

Identifikation von den Strukturbegriffen in der Definition von

❖ Administration,
❖ Projekt,
❖ Dokumentation.

Wie erkennen Sie das?

Administration umfasst das Organigramm der Abwicklung eines Büros, einer Abteilung, eines Konzerns. Administration brauchen Sie, »damit der Laden läuft«. Zum Beispiel: Die Infrastruktur von Arbeitsfeldern, um ein ganzes Haus von Angestellten bis hin zum Auszubildenden, vom Bürostuhl bis zum Möbeltransport, vom Katalog bis zum Werkzeug, zu verwalten.

Projekt: Das betrifft Ihr Produkt, Ihre Dienstleistung. Kurz, das, womit Sie Ihr Geld verdienen. Das kann die Herstellung einer Lokomotive sein oder auch eine Dienstleistung. Wissen Sie es jetzt? Na, Sie arbeiten ja immer daran, an Ihrem Produkt.

Das Dritte ist die *Dokumentation*: Die Literatur

❖ zu Ihrem Fachwissen,
❖ zu Ihrem Werk,
❖ zu Ihrem Produkt.

Das sind zum Beispiel: Werbekataloge, Fachzeitschriften, Videos, Dias. Denn Sie sollten lesen! Jeden Tag vielleicht 15 Minuten. Immer zu festgelegten Zeiten! Seit »Neandertal« können alle das Alphabet. Ja, ja, da war noch der Turmbau zu Babel, dazwischen die Griechen und jetzt die Reform.

Ordnung herrscht. Und was noch gut ist. Sie brauchen nicht schwer zu grübeln, was der Kollege gemeint haben könnte. Denn alles hat einen Namen. Spitzfindigkeiten lösen sich dann auf:

Unter »Mutter« kann die Schraube gemeint sein oder die Mutter selbst.

Logo!

Sie wenden in allen Kategorien also das Alphabet an, mit der logischen Folge, dass alle Mitarbeiter alphabetisch sortiert haben. Alle Aktenvorlagen richtig ablegen und nicht mehr suchen müssen.

Zu meiner Freude habe ich bei meinen Recherchen folgende Aufstellung gefunden. Vielleicht ringt Ihnen die Textfolge ein Schmunzeln ab. Das Suchen in dieser Aufstellung führt sicher zu einem ABSURDUM.

Diese Aufstellung unter I, wie Information, zu zeigen, macht Sinn. Für mich ist aber eine NULL für Allgemein, tatsächlich ein Absurdum. Viel Spaß beim »finden«.

Die unendliche Bibliothek

... Die Gruppe Null steht für Allgemeines.
Null-Eins ist demnach »Wissenschaft und Kultur allgemein« ...
Null-Zwei steht für »Buch und Bibliothek, Information und Dokumentation ...
Null-Drei wären Nachschlagewerke und Bibliographien ...
Null-Vier sind Adressbücher und Fernsprechbücher ...
Null-Fünf bedeutet Kalender ...
Null-Sechs ... Publizistik ... und ...
Null-Sieben steht für Kinder- und Jugendliteratur.
Null-Acht bedeutet Verschiedenes,
Null-Neun: Buchkunst, Handschriften- und Schriftkunde.
Eins-Null heißt Philosophie, während
Eins-Eins Psychologie bedeutet. Hinter
Eins-Zwei verbirgt sich Christliche Religion, die Nichtchristliche ist
Eins-Drei.
Eins-Vier vertritt die Soziologie.
Eins-Fünf ist Statistik,
Eins-Sechs Politik. Die Wirtschaft versteckt sich hinter
Eins-Sieben.
Eins-Acht ist Arbeit,
Eins-Neun Recht.
Zwei-Null steht für Öffentliche Verwaltung.
Zwei-Eins, Zwei-Eins, das Militär ist Zwei-Eins.
Erziehung und Unterricht ist die Gruppe
Zwei-Zwei, unter die auch die Bildung fällt. Alle Schulbücher sind unter
Zwei-Drei zusammengefasst. Mit Ausnahme der Berufsschulbücher, denn diese sind
Zwei-Vier.
Zwei-Fünf ist Volkskunde und Völkerkunde. Natur ist
Zwei-Sechs, das heißt Naturwissenschaften allgemein. Die Mathematik fällt unter
Zwei Sieben.
Zwei Acht ist Informatik und Kybernetik,
Zwei-Neun Physik und Astronomie,

Die unendliche Bibliothek (Fortsetzung)

Drei-Null Chemie und
Drei-Eins Geowissenschaften. Die Biologie mit all ihren Disziplinen ist
Drei-Zwei.
Drei-Drei steht für die Medizin, aber nur die Veterinärmedizin ist
Drei-Vier. Technik allgemein findet man unter
Drei-Fünf. Wer speziell nach Energie-, Maschinen- oder Fertigungstechnik sucht, muß dies
   in Abteilung
Drei-Sechs tun.
Drei-Sieben ist Elektrotechnik.
Drei-Acht ist Bergbau, Bautechnik und Umwelttechnik. Landwirtschaft ist
Drei-Neun. Hauswirtschaft ist
Vier-Null.
Vier-Eins steht für Nachrichten- und Verkehrswesen.
Vier-Zwei ist Chemische Technik, Lebensmitteltechnik, Textiltechnik und andere
   Technologien. Basteln, Handarbeit und auch Heimwerken steht unter
Vier-Drei
Vier-Vier ist Raumordnung, Landschaftsgestaltung und Umweltschutz,
Vier-Fünf die Architektur. Die Bildende Kunst ist
Vier Sechs.
Vier-Sieben steht für Photographie. Denn die Musik wird unter
Vier-Acht eingeordnet.
Vier-Neun steht für Theater, Tanz und Film. Unter
Fünf-Null steht Sport und Spiele. Allgemeine und vergleichende Sprach- und
   Literaturwissenschaft ist
Fünf-Eins. Die Englische ist dann
Fünf-Zwei, die Deutsche
Fünf-Drei. Alle übrigen Germanischen Sprachen finden sich unter
Fünf-Vier, die Romanischen unter
Fünf-Fünf.
Fünf-Sechs: Klassische Sprach- und Literaturwissenschaft.
Fünf-Sieben: Slawische und Baltische. Sonstige Sprachen sind
Fünf-Acht. Für den großen Bereich der Belletristik steht die
Fünf Neun. Archäologie und Vorgeschichte wird durch
Sechs-Null vertreten. Geographie, Heimat- und Länderkunde steht unter
Sechs-Eins, wozu auch die Reise gehört.
Sechs-Zwei sind Atlanten,
Sechs-Drei Geschichte und Historische Hilfswissenschaften. Schließlich steht die
Sechs-Vier für die Sozial- und
Sechs-Fünf für die Wirtschaftsgeschichte.

Der Sprecher geht gleich zur nächsten Aufzählung (z.B. der Industriekontenrahmen für die Buchführung) über.

J   Ja zum idealen Büro

»Prominente« Büros

Prominente haben eigene und eigenwillige Vorstellungen von ihrem Büro, dem Platz schöpferischer Tätigkeiten. Es folgen einige Ausschnitte aus einem Interview mit Billy Wilder über seine Vorstellung von Büro, notiert von Elke Trappschuh.

Trappschuh: Wie sah dagegen die Arbeitswelt des erfolgreichen Drehbuchautors Billy Wilder in der »Traumfabrik« Hollywood aus?

Wilder: Als ich 1934 nach Amerika kam, bekam ich zuerst ein kleines Büro im Autorenflügel der Paramount, wo damals 104 Drehbuchautoren arbeiteten. Später gab man mir wie den 20, 25 Hauptautoren ein größeres Büro samt Vorzimmer mit Sekretärin. Aber komfortabel war das nicht. In den Studios hat sich keiner darum gekümmert, bessere Schreibtische oder bequemere Stühle anzuschaffen. Wer sie wollte, musste sie selbst mitbringen. In meinem Büro gab es viele Dinge und Kunstwerke aus meinem Haus.

Trappschuh: Sie halten die Einrichtung also für belangvoll?

Wilder: Ich fühle mich entschieden besser an einem Schreibtisch, der mehr ist als nur eine Platte mit ein paar Schubladen. Und das geht, glaube ich, jedem so. Ich denke, man schreibt besser, wenn man einen guten Füller hat. Und wahrscheinlich fallen auch die Briefe netter aus, wenn man sie auf einer neuen Olivetti statt auf einer alten Underwood tippt.

Trappschuh: Wie stellen Sie sich das ideale Büro für Billy Wilder vor?

Wilder: Groß und freundlich. Mein ideales Büro wäre eine große Bühne, auf der ich ungehindert herumlaufen, mich aber auch einmal in eine Ecke zurückziehen kann. Auf jeden Fall brauche ich viel Bewegungsraum. Und sonst: zwei oder drei große Schreibtische, eine Liege, eine Pinnwand für Notizen und ein gutes Aufhängesystem für die Bilder, sodass man sie komplikationslos auswechseln kann.

Trappschuh: Lenkt Ihre Sammelleidenschaft im Büro nicht von der Arbeit ab?

Wilder: Ich schätze die abstrakte Kunst, weil sie jeden Tag in eine andere Welt entführt. Heute sehe ich in einem Bild vielleicht die sieben Zwerge, morgen eine Landschaft, übermorgen Charaktere. Das lenkt nicht ab, aber die Kunst leitet in gewisser Hinsicht meine Gedanken. Ich wechsle damit quasi den Aufenthaltsort.

Trappschuh: Schreibtisch und Liege – das ist eine ungewöhnliche Kombination. Stimmt es, daß Sie der »Erfinder« der Liege von Charles Eames sind?

Wilder: Erfunden habe ich sie nicht. Die Vorgeschichte war so: Bei Außenaufnahmen zu meinem Lindbergh-Film fand ich in einem Leuchtturm in St. John, Kanada, eine primitive Bank, die reichte, um sich in den Pausen darauf auszustrecken. Ich habe Charles davon erzählt und gesagt: »Warum entwirfst du nicht so eine minimale Liege, auf der man diese Fünfminutenpausen machen kann, die den Knochen wohl tun und den grauen Zellen neuen Sauerstoff zuführen? Jahre später war er dann auf einmal damit da.

Trappschuh: Mit der Liege haben Sie Ihren Freund Charles Eames zu einem Büromöbel inspiriert, das im Büro nie existiert: weil die Nickerchen in unserem Verständnis von Arbeit nicht vorkommen. aber Ihnen hat sie gute Dienste getan?

Wilder: Ich mochte sie sehr, weil sie nicht viel Platz beanspruchte und weil sie einen guten Dialog auslöste. Das ist kein Möbel, das man benutzt, ohne es zu beachten. Das Einzige, was ich nicht lösen konnte, war die Frage: »Wohin mit den Händen« Man kann sie natürlich auf den Bauch legen, aber sobald man sich entspannt, fallen sie herunter.

Trappschuh: Können Sie sich vorstellen, dass ein unkonventionelles Design das Lebensgefühl und die Arbeit im Büro sehr verbessert?

Wilder: Ich halte es für eine sehr gute Idee, den Charakter eines Büros so interessant und anregend zu machen, dass man sich darin nicht wie in einem Gefängnis oder wie bei der Armee vorkommt. Aber wie weit darf das gehen? In einem Büro soll man sich schließlich nicht nur wohl fühlen, sondern auch produktiv sein. Wenn es so gemütlich wird, dass man anfängt, die Beine auf den Tisch zu legen und einzuschlafen – nein. Die Einrichtung müsste provokant sein. Sie müsste etwas im Temperament auslösen, von dem man gar nicht ahnte, dass es existiert.

Prominenz hält sich nach wie vor in Büros auf und arbeitet wie Sie und ich.

Konrad Adenauer

Das ideale Büro, und ich rede jetzt nicht von Möbelprogrammen, sondern von den reinen Funktionen, minimiert auf unbedingt Notwendiges. In einem Büro, das funktional ausgestattet ist, kann jeder arbeiten, vom Chef bis zur Aushilfskraft. Über LUXUS-Büros mit Bar und Couch muss in anderen Büchern geschrieben werden.

Es geht um Kostenminimierung auch im Ausstattungsbereich, ohne dass die Funktionalität durch »tumbes« Sparen gestört wird. Ich rede nicht von Billigprogrammen. Qualität ist bei der Ausstattung der Büros äußerst wichtig, ja sogar Gesetz. Das Beste ist gerade gut genug. Nein, das widerspricht sich nicht! Qualität hält länger und macht sich auf Dauer bezahlt.

Die Tatsache, dass man acht bis zehn Stunden im Büro verbringt, impliziert, dass sich der Mensch dort wohl fühlen muss.

Selten sind die Büromöbel richtig ergonomisch ausgewählt. Die Räume sind »voll geknallt«, dadurch eng und ungemütlich. Offensichtlich ist es aber auch so, dass kaum einer die Initiative ergreift, diesen Zustand einer desolaten Möblierung zu ändern und sich tatsächlich damit auseinander zu setzen.

Zu Hause denkt jeder über seinen Komfort nach, wie es am Schönsten sei. Im Büro wird diese Lebensqualität offenbar vernachlässigt.

Wir brauchen:

1 Schreibtisch
 mit 1 Container,
1 Stuhl mit Rollen,
1–2 Sideboards
 für A – P – DOK,
1 Papierkorb.

Auf dem Tisch:

1 PC,
1 Telefon
1 Pultordner A–Z,
1 Pultordner 1–31/1–12.

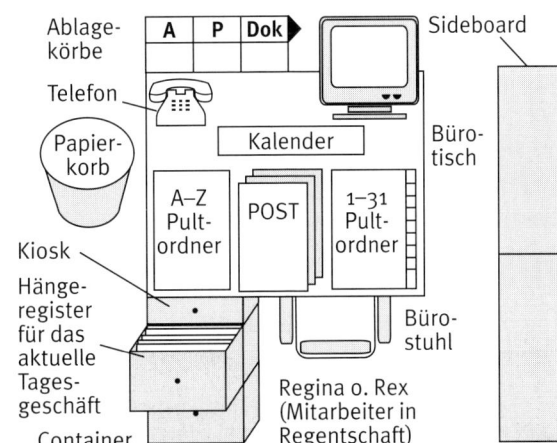

Wenn Sie mich fragen? Sie fragen zwar nicht, deshalb trotzdem meine persönliche Anmerkung:

Ich hätte gerne einen Raum, weiß wie ein Würfel, darin einen Schreibtisch in der Größe einer Pingpongplatte und ein Regal vom Boden bis zur Decke und einen fahrbaren Stuhl sowie eine Tischlampe, zum Luxus noch ein blaues Sofa.

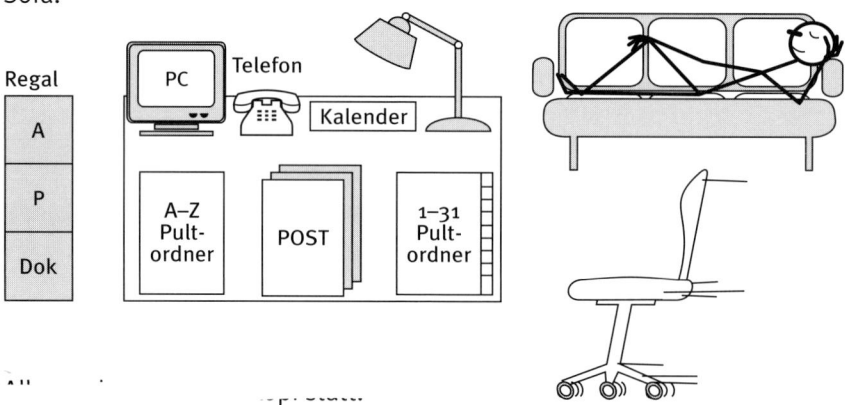

»Nun aber ist, dass ein gewöhnlicher Kopf ungewöhnliche Gedanken haben sollte, gerade so unwahrscheinlich, wie dass eine Eiche Aprikosen trüge.«
Arthur Schopenhauer

Das Ordnungsprinzip ist, wie bereits geschildert, in jedem Büro anwendbar, da das kaufmännische Prinzip weltweit gleich ist.

Bei zehn Mitarbeitern mit dieser Idealausrüstung ist es eindeutig, dass Kosten gespart werden. Die Individualität bleibt gewahrt, hat nichts mit der funktionalen Einrichtung zu tun. Wenn dann alle zehn Mitarbeiter nach dem gleichen Prinzip, der A-P-DOK-Methode ablegen, sparen Sie Büromaterial, Büroausstattung und Zeit.

Ist ein Büro so eingerichtet, funktional ausgestattet, ist es schwierig, wieder die Unordnung zuzulassen. Das Wissen um die Methode, wie mit Papierfluten umgegangen wird, ermöglicht Ihnen die genaue Vorsortierung. Die Festlegung, wo etwas hingehört, fällt nicht mehr schwer. Die Einhaltung der Ordnung ist zwangsläufig kein Problem. Nach Arbeitsschluss, vor Ferien, bei Krankheit oder sonstigen Absenzen liegen keine Stapel ungeordneten Schrifttums herum. Die Ordnung zieht ein, weil sie jeder, nachdem er die Logistik erlernt hat, versteht und bedienen kann.

Allerdings ist an dieser Stelle Disziplin nicht nur ein Wort, aber eine Forderung und auch der Flügel, mit dem man in die Ordnung fliegen kann, nicht aber in die Unordnung, die, wie Sie schon jetzt wissen, Geld kostet.

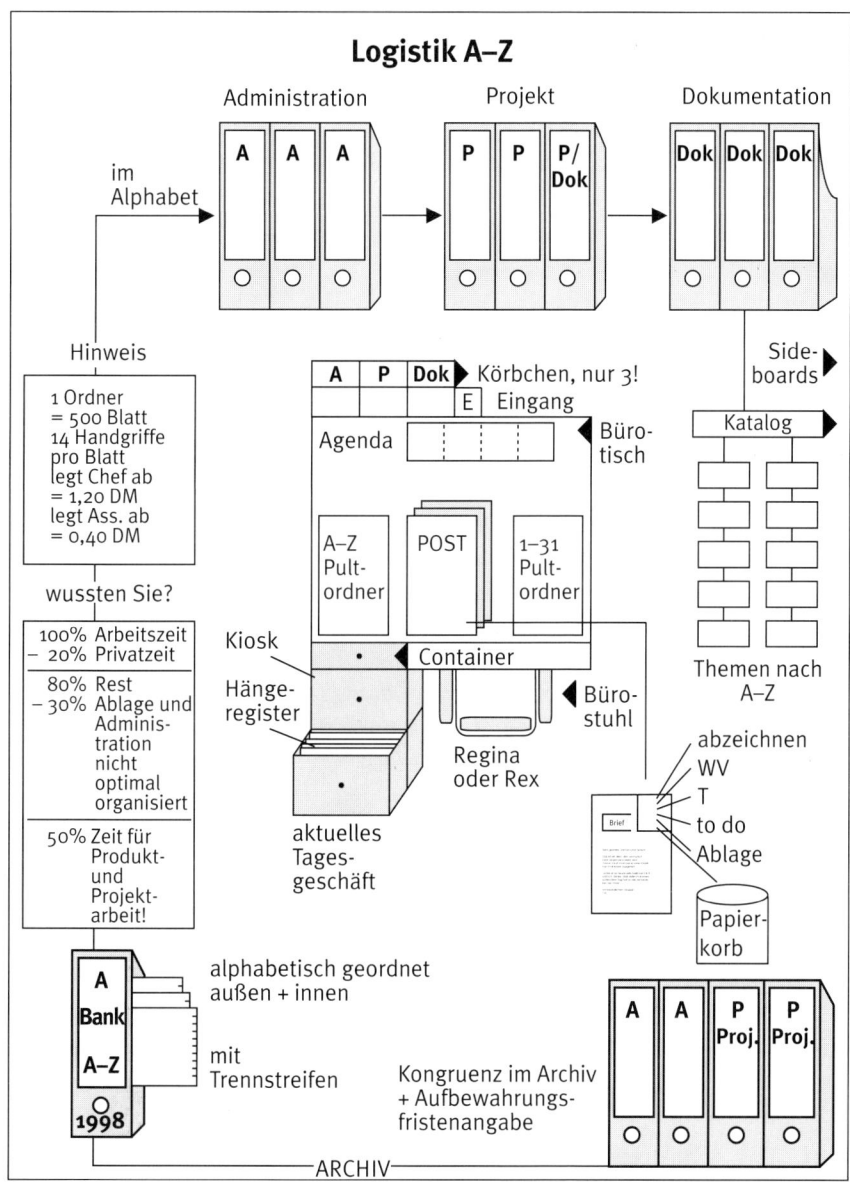

Bei Einhaltung der Logistik erwirtschaften Sie bis zu 25 Prozent Zeit. Sie arbeiten wieder mit 80 Prozent mehr Effizienz am Projekt/Produkt.

K   Konzept

Konzeption der Bürologistik

Der Bedarf an Bürologistik betrifft alle Branchen. In der Regel sind keine perfekten Lösungen vorhanden und werden in den meisten Fällen dem Zufall überlassen:

❖ Die individuelle Ablage, eine Falle, von unzähligen Angestellten mit Akribie gepflegt. An dieser Stelle ist Individualität schlicht ungenügend. Wirkliche methodische Organisationsanweisungen gibt es nicht, oder sie sind so, dass sie nur mit Schwierigkeiten umzusetzen sind. Gelernt hat es niemand, dieses ungeliebte Büro-Management. Und so wird munter eine falsche Individualität angewendet, hundertfach. Die Kostenanfälligkeit und die Brisanz einer organisatorischen Umstellung wird nicht erkannt. Es bleibt alles beim Alten. Oder Sie lernen die Meisterschaft des Einfachen, meine Methode.
❖ Die altmodische Ansicht, dass ein Mitarbeiter mit viel Schriftgut auf dem Tisch auch viel arbeitet und viel zu tun hat, ist überholt. Viel Papier bedeutet wirklich nicht die totale Auslastung und hat nichts mit einem hohen Status zu tun. Außerdem müssen Sie heute auch die Inhalte im PC als Schriftgut mitzählen.

Also denken Sie nach!

Der Denker von
Auguste Rodin

Organigramm der Methode

1. Kostenersparnis durch Rationalisierung

Strukturierung der Arbeitsplätze

❖ Einarbeitung in die Büroverwaltung   A – P – DOK
❖ Systematische Archivierung   A – P – DOK

Rationalisierung als Arbeitsweise – Leistung durch Kooperation und Kommunikation

❖ Informationsfluss durch Vermeidung von Doppelbearbeitung.
❖ Aufbereitung der Dokumentation einschließlich Speichermedien.
❖ Zeitersparnis durch Involvierung anliegender Büros.
❖ Zielgerechte Vereinheitlichung der Abläufe und
❖ Routine der zu organisierenden Einheit zwecks Rationalisierung.

Delegation bringt Motivation

Ordnung auf den Tisch   ❖ des Chefs,
                             ❖ der Assistentin,
                             ❖ des Sachbearbeiters,
                             ❖ des Technikers.

2. Erstellung eines Arbeitsprogrammes nach der A-P-DOK-Methode

Festlegung des Zeitablaufes der Organisationsaufgabe

❖ Termine bestimmen.
❖ Sichtung der Räume.
❖ Organisationsabläufe.
❖ Einzelfragen zur Rationalisierung.
❖ Gemeinsame Arbeitsplanung.

Einarbeitung und Erstellung der Karteien und ihrer Funktionen

❖ Dokumentenfluss durch Vereinheitlichung.
❖ Verflechtung mit anliegenden Büroeinheiten.
❖ Abschließendes Rundgespräch mit allen Beteiligten zwecks Involvierung und Motivation, die erlernten Techniken zu verinnerlichen und anzuwenden.

3. Nachordnende Kontrolle der organisierten Einheit

Auf der Basis der erlernten Techniken erfolgt eine Kontrolle des Ergebnisses.

❖ Kontrolle nach zwei bis drei Monaten oder per Absprache Überprüfung der organisierten Einheit.
❖ Ergebnisprüfung.

Also noch einmal, Sie wissen, »Büro«-Office, Management wird nicht gelehrt. Kein Wissenschaftler, kein Ingenieur, kein Künstler haben es je gelernt. Wozu auch; »man kann das«. Wenn man es endlich kann, sparen Sie

Geld – Zeit – Raum und Möbel.

Der krönende Anschluss ist die Erstellung eines Gesamtkatalogs aller Ordner mit Hinweisen zur Anwendung.

Katalog der Ablaufordnung

Wenn nach diesem Konzept und nach dem erlernten Prinzip alle Ordner genau beschriftet sind, werden diese Ordner pro Nase erfasst und ein Katalog erstellt, der auf den PC übertragen wird. Dieser Katalog, den jeder auf seinem Tisch vorliegen hat, ermöglicht eine Gesamtübersicht der Ordner:

❖ pro Person,
❖ pro Einheit Administration,
❖ pro Einheit Projekt,
❖ pro Einheit Dokumentation.

Jeder neue Ordner wird hinzugefügt. Jeder Ordner, freigegeben für das Archiv, kann ausgetragen werden. Die Ordner, die ins Archiv abgestellt werden, werden codiert. So ist immer der neueste Stand aller Ordner präsent. Und im PC kann jeder sehen, bei wem welcher Ordner zu finden ist.

Die lästige Aufräumarbeit und Sortierung ist aufgehoben, entfällt, da die Ordner jederzeit zur Verfügung stehen, da bekannt ist, bei welchem Mitarbeiter sie eingestellt sind.

Ein »gesunder« Nebeneffekt ist die Vermeidung von doppelt geführten Ordnern. Ordnerreiche Projekte (10–20 Ordner) werden vor Abgabe in das Archiv »geschrumpft« indem alle Mitarbeiter, die an dem Projekt gearbeitet haben, an einem großem Tisch das Projekt so entschlacken, dass nur die aufbewahrungsfristigen Schriftstücke platzsparend ins Archiv wandern. Dieses Vorgehen ist Pflicht.

Die Transparenz der Ordner-Übersicht führt zielstrebig zur Teamfähigkeit und zur Zeitersparnis, da nicht mehr unnötig gesucht werden muss. Das gilt auch für Ihr Archiv.

Das ist der neue Komfort.

Sie kennen das! Jedes Jahr »Same Procedure as every Year!« Am Jahresende, zwischen den Jahren wird alles auf Ecke und Kante gesetzt, aufgeräumt, das Gewissen erleichtert, ein paar Stapel Seltenes entsorgt. Sieht gut aus, ist aber ohne Methode. Und genau so geht es wieder ins nächste Jahr.

Sie kennen Sisyphos? König von Korinth.

Er musste in der Unterwelt zur Strafe für seine Verschlagenheit ein Felsstück auf den Gipfel eines Berges wälzen, von dem es aber immer wieder, fast am Gipfel, herabrollte.

Sisyphusarbeit = schwere, vergebliche Arbeit

Das machen Sie jedes Jahr wieder! Kaum verständlich. Zu Hause auch?

L   Leistung

Leistung durch Kommunikation

Luxus? Privatzeit am Arbeitsplatz? Nein, kein Luxus. Privatzeit entsteht durch Stehen am Aufzug, Tischzeit, den sinnvollen Schwatz und den nicht sinnvollen Schwatz. Die Kommunikation zwecks Austausch von Wissen, klar, auch von Tratsch, macht insgesamt 20 Prozent der Arbeitszeit aus.

Bleiben noch 80 Prozent für die Arbeit am Produkt? Toll. Sie müssen aber noch Ihre Such- und Findezeiten für Ihre Ablage rechnen und den Ablagevorgang selbst. Das bedeutet 10–15 Prozent kostbare Zeit.

Rechenexempel:

Nehmen wir einmal an:	100 %	8.00–17.00 Uhr
−	20 %	Privatzeit
	80 %	Produktarbeit am Projekt
−	15 %	»Ablage«
	65 %	Restzeit

Diese 65 Prozent ist die eigentliche Zeit, die jedem Mitarbeiter zur Verfügung steht für die berufliche Facharbeit. Ach ja, Sie sitzen auch noch Ihre Zeit in Sitzungen ab?

Es wird aber erwartet, dass 100 Prozent »geschafft« werden. Wie Sie sehen, stimmt das nicht. Kein Wunder, dass Sie nie Zeit haben.

Aber das wird ja jetzt anders.

Leistung durch professionelle Archivierung

Akten werden in der Regel zu lange aufgehoben. Aktenlauffristen werden nicht notiert, Aufbewahrungsfristen sind oft nicht bekannt. So bleiben Sie Ihrem Labyrinth erst mal treu. Ändern Sie es!

❖ Es kostet Sie Ihre Zeit.
❖ Es kostet Sie Ihren Platz, räumlich gesehen.
❖ Es kostet Sie Ihre überflüssig angeschafften Archivschränke.

Deshalb hier die Aufbewahrungsfristen.

Zehn Jahre: Handelsbücher, Eröffnungsbilanzen, Jahresabschlüsse, Konzernabschlüsse, Konzernlageberichte, Arbeitsanweisungen und sonstige Organisationsunterlagen.

Sechs Jahre: Empfangene Handelsbriefe, Wiedergaben der abgesandten Handelsbriefe und Buchungsbelege.

Ermitteln Sie die Aufbewahrungsfristen für Ihre Buchführungsgrundlagen nach folgender Checkliste (S. 82f.).

Das Ergebnis ist:

❖ Erhebliche Zeitersparnis und Kostensenkung durch systematisches Erfassen, Klassifizieren, Verwalten, Vorfinden und Bereitstellen von Informationen.
❖ Bis zu 80 Prozent Raumgewinn, abhängig von organisatorischen und räumlichen Gegebenheiten.
❖ Stets erforderliche Übersicht durch einfache Lösungen.
❖ Kurzfristige Amortisation der Investition durch effizientere Arbeitsabläufe.
❖ Mehr Freude und Motivation für Sie und Ihre Mitarbeiter.

Checkliste

Die Aufbewahrungsfrist beginnt mit dem Schluss des Kalenderjahres!

	Jahre		Jahre
Abkürzungsverzeichnisse	10	Datenflusspläne für die EDV-Buch-	
Abschlussübersicht (falls keine Bilanz		führung	10
erstellt wurde)	10	Dauerauftragsunterlagen	6
Anhang	10	Depotauszüge, -bestätigungen	
Anlagenverzeichnis	10	(soweit nicht Inventare)	6
Anlagevermögenskarteien und -bücher	10	Depotbücher	10
Anlagezu- und -abgangsmeldungen	6	Devisenunterlagen, allgemeine	6
Anträge für Arbeitnehmersparzulage	6	Disketten mit gespeicherten	
Auftragsbestätigungen	6	− Buchungsbelegen und Handels-	
Auftrags- und Bestellunterlagen	6	briefen	6
Ausfuhrunterlagen	6	− Handelsbüchern, Inventaren, Lage-	
Ausfuhrvergütungsanträge,		berichten, Konzernlageberichten,	
-bescheide, -nachweise und		Arbeitsanweisungen und sonstigen	
sonstige Unterlagen	6	Organisationsunterlagen	10
Außendienstabrechnungen	6	Dubiosenunterlagen	6
Bankauszüge	6	EDV-Journal	10
Baubücher	10	Einfuhrunterlagen	6
Beitragsabrechnungen zu Sozial-		Einheitswertbescheide	6
versicherungen	6	Eröffnungsbilanz	10
Belege, Beleglisten, Belegzusammen-		Fahrtberichte, -bücher (soweit Werk-	
stellungen, Sammelbelege (soweit		verkehrsunterlagen)	6
Buchungsunterlagen)	6	Fahrtenbücher (der Güterkraft-	
Belege der Offenen-Posten-		verkehrsunternehmen)	10
Buchführung	10	Fahrtennachweisbücher (Güter-	
Bestellungen	6	verkehr, nichtöffentlicher Güter-	
Betriebskrankenkasse (Buchungs-		verkehr auf Schienenbahnen)	10
und Abrechnungsunterlagen)	6	Fahrtennachweisbücher	
Bewirtungsbelege	6	(Werkfernverkehr)	5
Bilanzen	10	Fahrtkostenbelege	6
Bilanzprotokoll (EDV)	6	Fakturier-Journal	10
Bilanzunterlagen (mit Ausnahme		Fehlerprotokolle bei EDV-Buchführung	10
von Büchern und Inventaren)	6	Finanzberichte	6
Briefe	6	Frachtbriefe, Frachtunterlagen	6
Buchungsanweisungen	6	Gebäude- und Grundstücksunter-	
Buchungsbelege	6	lagen (Bauakten, Bauplan,	
Buchungsbelege mit Grundbuch-		Genehmigungen)	6
funktion	10	Gebäude- und Grundstücksunterlagen	
Buchungsprotokoll (EDV)	6	(soweit Inventare)	6
Buchführungsprogramme	10	Gebrauchsmusterunterlagen	6
Computerausdrucke mit		Gehaltskonten, Gehaltslisten	6
− Kontoauszügen	6	Geschäftsberichte, Lageberichte	10
− Grundbuch- bzw. Journal-		Geschäftsbriefe	6
Eintragungen	10	Gewinn- und Verlustrechnung	10
− Hauptbuch- und Kontokorrent-		Grundbücher	10
eintragungen	10	Grundstücks- und Gebäudeverzeichnis	10
− Offene-Posten-Listen	10	Güterkraftverkehr (Beförderungs-	
Darlehensunterlagen	6	papiere, Vermittlungsgeschäfte)	5

Checkliste (Fortsetzung)

	Jahre		Jahre
Güterkraftverkehr (Fahrtenbücher)	10	− Organisationsunterlagen und Arbeitsanweisungen für die Buchführung	10
Gutschriften bei Offener-Posten-Buchhaltung	10		
GuV-Rechnungen	10	Nebenbücher	10
Handelsbilanz	10	OP-Listen (EDV)	6
Handelsregister- und Grundbuchauszüge (Bilanzunterlagen)	6	Patente und Unterlagen	6
Handels- und Geschäftsbriefe	6	Portokassenbücher	6
Hauptbuch, Hauptbuchkonten	10	Postgiroauszüge	6
Hauptversammlungen, Protokolle	10	Programmbeschreibung für das Buchführungsprogramm	10
Hilfsbücher, soweit Buchungsunterlagen	6	Provisionsabrechnungen, -unterlagen	6
Inventar	10	Quittungen	6
Inventurunterlagen	6	Rechnungen	6
Investitionszulagenanträge usw.	6	Rechnungen bei Offener-Posten-Buchhaltung	10
Jahresabschlusslisten und -bogen	6	Rechtsstreitfälle mit Unterlagen	6
Journal (Grundbuch)	10	Reisekostenabrechnungen	6
Kassenbücher und -blätter	10	Rentenversicherungsunterlagen	6
Kassenzettel, Kassenbelege	6	Repräsentationsaufwands-Unterlagen	6
Kommissionslisten	6	Sachkonten	10
Konsignationslager-Unterlagen (soweit Buchungsunterlagen)	6	Saldenbestätigungen	6
Konsolidierungsunterlagen	10	Schadenunterlagen	6
Konten	10	Scheckbelege, soweit Buchungsunterlagen	6
Kontenpläne, -register	10	Schecks	6
Kontoauszüge	6	Schriftwechsel	6
Kontokorrentbücher und -kontenkarten	10	Schuldtitel	6
Konzernabschlüsse, Konzernlageberichte	10	Sparprämienunterlagen	6
		Steuererklärungen	10
Kostenträgerrechnungen	10	Steuerunterlagen	6
Kreditunterlagen	6	Umsatzsteuervoranmeldungen	6
Lagebericht	10	Verträge	6
Lagerbücher und -karteien	10		
Lizenzabrechnungen und -unterlagen	6	Wareneingangs- und Warenausgangsbücher/-listen	10
Lohnkonten, Lohnbelege, Lohnlisten	6	Wechsel	6
Mahnungen	6	Werbegeschenknachweise	6
Materialentnahmescheine	6	Wohnungsbauprämienunterlagen	6
Mikrofilme mit − Geschäftsbriefen und Buchungsbelegen	6	Zahlungsanweisungen	6
		Zinsabrechnungen	6
		Zollbelege	6

M Mängel

Ein Kapitel, das in vielen Büchern vorkommt. Bei meinen »Wanderungen« durch die Bürolandschaften begegnen mir immer dieselben Gegebenheiten.

❖ *Die uralten Ordner*
Ordner, die längst ins Archiv gehören, sitzen in Reihen zwischen Seminarordnern, Werbekartons und Weihnachtsschmuck. Fragt man nach, Achselzucken. Und dann gibt es noch die Sache »zwischen den Jahren aufräumen«. Außerdem ist gerade ein neues Sideboard eingetroffen, weil es ja keinen Platz mehr gab.

❖ *Körbchen*
in allen Farben, leicht verschmuddelt und ohne Schildchen, gefüllt mit Wichtigem, das sofort zur Hand sein muss, bis zu vier Jahren alt oder noch vom Vorgänger. 20–30 Körbchen, in denen Dringendes oben liegt, unten die »unwichtigen« Sachen oder Unterlagen. »Unwichtig«: ein Wort wie Gummi, denn es kann auch die Kündigung sein. Ebenso ist »Info« ein beliebter Wortstummel. Ein Abenteuerplatz und wahre Fundgrube.

❖ *Kaffee*
braucht der Mensch. Da finden auf Fensterbänken wahre Gelage statt, von ungespülten Tassen mit fehlenden Henkeln. Kaffee ist im Chefbüro nach wie vor ein Statussymbol, allerdings wird er noch immer ohne Servierhäubchen gereicht. Eine selbstmahlende Kaffeezapfstelle ist hier sicher eine sich lohnende Investition.

❖ *Aus falscher Sparsamkeit*
schnitzen Menschen aus Heftklammern, einem Meter Tesafilm, Altpapier und Aufklebern 1x2 cm Trennlaschen aus Altpappe in fünf Grundfarben. Das ist eine Frage von »Zeit haben« und falscher Sparsamkeit. Einhundert Trennstreifen kosten abgepackt DM 6,80!

❖ *Ordner,*
die nicht beschriftet sind, werden als privat bezeichnet, oder sind gar nicht beschriftet, weil man ja ohnehin weiß, dass der Budgetordner im-

mer in der Mitte steht. So ein Zufall. Zehn solcher Blindgänger machen das Suchen dann zum Vergnügen oder zum Quiz.

❖ *CUP*
Den Club der ungegossenen Pflanzen, kurz CUP, gibt es überall. Hat nichts mit »Ozon«, mit »gemütlich wie zu Hause« zu tun. Oder kennen Sie etwa nicht die Jogurtgläser mit Tomatenpflänzchen auf den Fensterbänken? Oder die Zucht von griechischem Oleander?

❖ *CGP*
Der Club der gegossenen Pflanzen, kurz CGP, ist stark vertreten. Benjamine und polierte Gummibaumblätter, bis hin zu Lianen, die sich von der Decke ranken. Gießpläne für tropische und heimische Pflanzen werden vor jedem Urlaub heftig diskutiert.

Anmerkung: *Ich erlaubte mir einmal eine Schlinge grünen Weins (ohne Trauben) vor und in eine Hängeregistratur hängend, abzuschneiden. Medea ist dagegen kein Drama, und ich hatte mein Waterloo! Massen mit Maßen!*

❖ *Pinwände*
Kennen Sie diese Pinwände aus Kork? Meldungen vom Betriebsrat, Adressen, uralte Faxnummern, Postkarten aus Mallorca, rosa Mäuse und ein festgeschnallter Flaschenöffner bürgen für Gemütlichkeit oder für eine persönliche Note. Ursprünglich waren sie als »Reminder« (Erinnerer) gedacht. Für kurzfristige Nachrichten. Stattdessen sind sie ein Beispiel von lieblos behandelten Wänden.

❖ *Die Ruine vom Vorgänger*
Akten, die man nicht wegwirft: Es könnte wer kommen! – Kommt aber keiner. Diese Akten füllen Hängeregister, Schränke und Schubladen. Warum das so ist? Der Vorgänger hat nicht angeschrieben, was im Ordner drin ist. Guckt sowieso keiner rein. Eben! – Und Sie? Tun Sie es endlich! Treffen Sie eine Entscheidung. Sie haben vielleicht weniger Platz als Sie ahnen.

❖ *Sicherheitskopien*
Angst und sich absichern ist eine Triebfeder ersten Ranges: Die Kopie, wer hat sich nicht schon die Sicherheitskopie gemacht oder die Renitenzkopie, die heimliche Kopie, na ja, ab und zu auch eine private. Die Sicherheitskopie von einem Entwurf bis zu siebzig Seiten wird teuer. Haben Sie einen Kopierzähler, oder sind Ihnen die Kosten egal?
Ersetzen Sie die Angst durch Sicherheit. Angst, ein Schriftgut nicht parat zu haben, ist weit verbreitet. Raten Sie, warum das so ist? Ja, wegen der Individualität im Ablegen. Quo vadis!

❖ *Ablage im PC*
Der Gesetzgeber verlangt originalgetreue Wiedergabe allen Schriftgutes. Eine Möglichkeit ist das Scannen und danach als Faksimile. Magnetische Datenträger sind Speicher für jede EDV-Anwendung. Sie sollten fachgerecht aufbewahrt werden:
Im Diskettenkasten oder im Diskettenalbum im Alphabet.
Noch immer werden 95 Prozent des Schriftgutes in den Firmen auf Papier weitergereicht oder sind im Umlauf.

Disketten 3$^1/_2$"

Die einfachste Art, Disketten aufzubewahren: im Disketten-Kasten oder im Disketten-Album

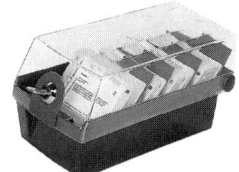

Disketten-Kasten (Hotboxen) in verschiedenen Ausführungen

❖ *Terminabgleichung*

Oh, ein Lottospiel. Er oder sie telefoniert und trägt es ins Timesystem, Löhn, Helfrecht, ein ohne Weitergabe an die Assistentin. Die macht aber auch Termine. Das »Umtopfen« von Terminen verleitet zum Lügen oder Erfinden aus Verlegenheit. Haben Sie für so etwas Zeit? Daher sollten Sie einmal täglich Termine austauschen und abgleichen.

T T T = täglich Termine tauschen anstatt Titel, Thesen, Temperamente.   *WOW!*

❖ *Umläufe*

Diese Zettel mit sieben Namen, Datum und Unterschrift, Unterschrifts-kästchen zum Abzeichnen. Die Fundgrube liegen gelassener Zeitschriften ist oft bis zu drei Monaten alt. Die gewollte Aktualität eines Umlaufes ist damit ein Absurdum.

Diskutieren Sie das, limitieren Sie den Zeitablauf, oder stellen Sie Ihre Abonnements ein. Verhindern Sie Ihr hausgestricktes Labyrinth. Stellen Sie sich vor, Sie haben auch zu Hause alles in Körbchen, lassen alles drei Monate liegen. Schlingpflanzen überwuchern Ihren Kleiderschrank. Nein, Sie haben es nicht so? Warum dann im Büro?

N Netze

Ablage im PC

Papierlos? Scannen. Die Verarbeitung im PC senkt gleichzeitig die Kosten im Büro. Die Zugriffsmöglichkeiten werden optimal und die Suche wird auf ein Minimum reduziert.

In Archiven könnten kilometerlange Ordnerreihen auf CD ROMs übertragen werden und würden dann in eine Schublade passen. Sie hätten somit eine elektronische Akte mit komfortablem Zugriff. Eine Verringerung der Bearbeitungszeiten bis zu 90 Prozent ergibt eine Kostenreduzierung um ein Viertel.

Zur Zeit herrscht noch die traditionelle Papierverarbeitung vor. Allerdings ist mit einem Wachstum von »Document-Imaging-Systemen« zu rechnen.

Sicher haben mittlere Firmen eine Menge von circa 20–40 Kubikmetern Altpapier zu versorgen. Bei einer Aufbewahrungsfrist von durchschnittlich sieben Jahren bedeutet das: Es muss angebaut oder eine Halle angemietet werden. Überlegungen für die digitale Archivierung sind daher nicht von der Hand zu weisen.

Sie sparen Geld – Zeit – Raum.

Warum die Maßnahme zur digitalen Ablage nicht überall gepflegt wird, liegt vor allem an Folgendem:

❖ Die Ablage wird nicht wichtig genommen, sie wird vernachlässigt.
❖ Meistens wird nur das »nackte« Anwenderprogramm angeboten. Hat der Anwender aber schon vorher keine Ablagemethode, wird er sein Durcheinander im Computer einfach fortsetzen.

Das bedeutet im Klartext: Bevor Sie in die digitale Archivierung eintreten, ist es unabdingbar, dass Ihre Bürologistik *vorher* nach A-P-DOK geregelt ist.

Ohne Ordnung läuft gar nichts. Ihr Chaos, das kreative, philosophische behalten Sie ohnehin.

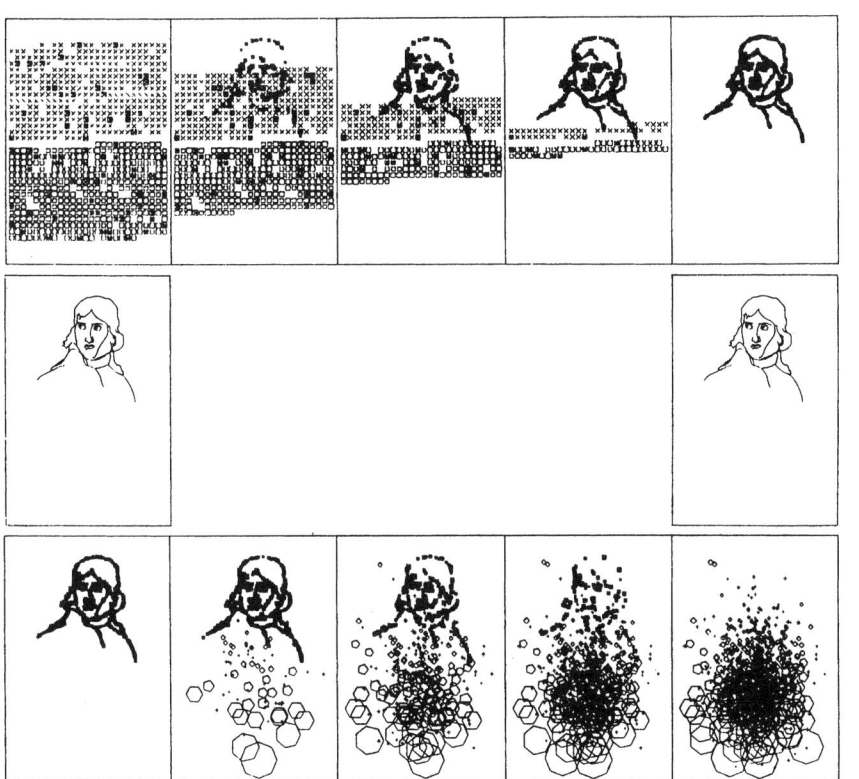

Frieder Nake, Napoleon als Struktur – Gestalt – Chaos

» Einheit in der Vielfalt «
Platon

O   Ordnung, Organisation und Ergonomie

Ordnung und Organisation

»*Oh, wie wohl ist mir am Abend.*« In diesen Kanon können alle Aufgeräumten einstimmen.

Bei der eingeführten Logistik ist jeder Mitarbeiter in der Lage, sein Büro *optimal zu ordnen*. Es werden keine Grenzen gesetzt. Die Logistik wird von allen bedient. Voraussetzung für diese Ganzheit ist, dass jeder sie eingeübt hat. Selbst der Chef/die Chefin kann jetzt einen Ordner »bauen«, hat selbst einen Projektordner verschlagwortet und selbst gelocht. Jeder hat seine Dokumentation griffbereit im Alphabet.

» Verachtet mir die Meister nicht. «
Hans Sachs

Sie können jetzt, ohne Ihre Sekretärin anzurufen, sonntags arbeiten und wissen ganz genau, wo Ihre Ordner stehen und was darin enthalten ist. Die Hierarchie der Pyramide ist für die Anwendung der Logistik überflüssig.

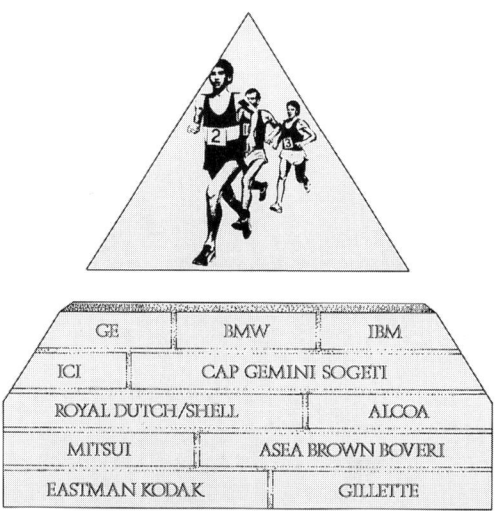

Das gilt für den Konzern, den Handwerksbetrieb und für den Einzelhandel.

Die drei Säulen: Administration,
                   Projektverwaltung,
                   Dokumentation

haben Sie inzwischen begriffen und besetzt!

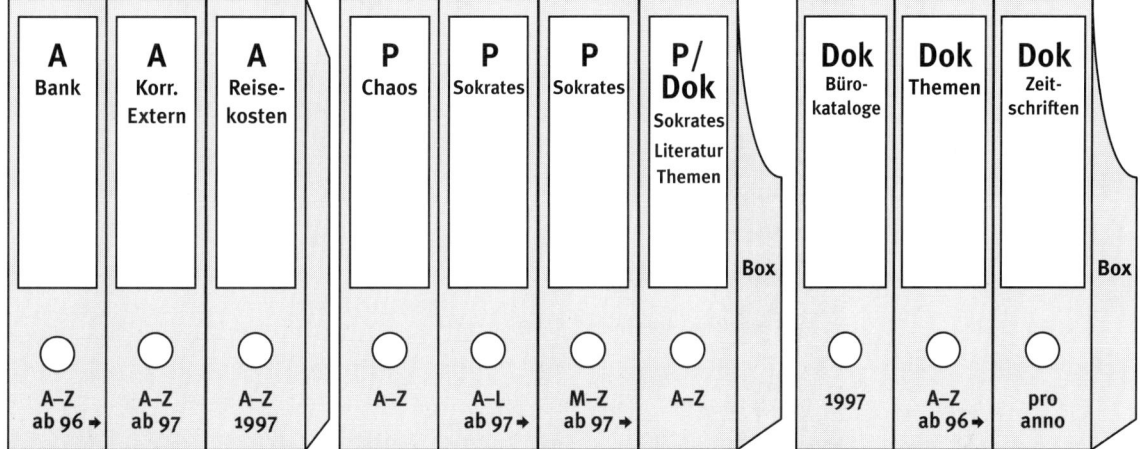

Ergonomie

»Ergonomie« bedeutet laut Lexikon, die Wissenschaft von den Leistungs-
möglichkeiten und -grenzen des arbeitenden Menschen sowie der besten
wechselseitigen Anpassung zwischen Mensch und Arbeitsbedingungen.

Durch die Einführung der Logistik und der damit verbundenen Rationalisierung wird klar, dass Sie Platz erwirtschaften. Sie stellen Ihre Büromöbel
funktional günstiger auf. Der PC hat den richtigen Lichteinfall und steht am
richtigen Ort. Sicher ist auch, dass Sie mit weniger Möbeln auskommen.

Wenn Sie jetzt noch die Wände streichen, haben Sie ein neues Büro. Inner-
lich sind Sie aber genauso aufgeräumt. Der Druck der Stapelwirtschaft, der
Abenteuerkörbchen und die Suche nach der »verlorenen Form« erübrigt
sich.

Manpower

Verwenden wir für zusätzlich erwirtschaftete Arbeitszeit das neudeutsche Wort »Manpower«. Wenn Sie pro Tag bis zu einer halben Stunde und mehr Akten ablegen und versorgen müssen, die Zeit aber durch eine gezielte Logistik verringern, entsteht Ihnen ein Zeitpotenzial. Dieses können Sie für neue Aktionen, Einsätze in der Firma und neue Ideen und »Geschäfte anreißen« nützen. (Es kommen zwischen 52 und 100 Stunden pro anno zusammen.)

Sie können aber auch nach Hause gehen und mit Ihren Kindern spielen. Ja, Sie können auch Musik machen oder sich künstlerisch betätigen. Arbeitswelt und Privatwelt erhalten eine neue, bessere Lebensqualität.

Dieser Begriff sollte daher eigentlich unter »W« wie »Wertschöpfung« genannt werden.

P Psychohygiene

Nicht von der Psycho-Couch ist die Rede. Sie kennen das, Ablage ist lästig, wird nicht beachtet, nicht in ein Organigramm genommen. Ganze Organisationsabteilungen schnitzen und probieren immer wieder Neues: »Und das war schon immer so«, gewohnte Handgriffe.

Es ist nicht einfach, sich von eingeübten und tradierten Gewohnheiten zu trennen. Erst wenn die Erkenntnis gereift ist, eine Lösung zu finden und anzunehmen. Eine Lösung für die Optimierung der Logistik im Büro.

Das Ereignis der neuen Ordnung im Büro bringt Nachfolgendes mit:

❖ Es macht wieder Spaß, im Büro zu arbeiten, keine Stapel.
❖ Es ist, als sei man umgezogen, eine neue Ordnung schafft Luft und Raum.
❖ Die Last der Überlastung und Überhänge von unerledigtem Schriftgut entfällt.
❖ Die Urlaubspost ist vorsortiert und »räumt« nicht gleich wieder die Erholung beiseite.
❖ Kommunikation zwischenmenschlich und fachlich findet neu statt.
❖ Es wird Zeit gewonnen.
❖ Die neue Lebensqualität im Büro zieht ein.

Mit der neuen Logistik wird der Vorgang auf einmal klar. Die Ordnung ist eingezogen. Neben dem Äußeren wird das Innere geregelt. Wir regeln durch Sokrates ruheloses Fragen, die Idee einer Befreiung von der Last des Organisierens; widmen uns der Arbeit am Produkt und haben gelernt, auch in der Logistik mit Messer und Gabel zu essen.

Wozu also das ganze Theater? Als gäbe es keine Logistik!

Q Qualität

Null Fehler für immer als Strategie

Die Einführung der Logistik bedeutet eine Qualitätsverbesserung. Um diese zu erreichen, sind nun die Rahmenbedingungen erstellt worden. Die Bereitschaft der Mitarbeiter wurde initiiert. Die Mittel dafür bereitgestellt. Das Management hat dabei Vorbildcharakter.

Management und Mitarbeiter *machen* es von Anfang an *richtig*.

Früher brachte man »strategisch« mit der obersten Geschäftsleitung in Verbindung. Nur die Geschäftsleitung hatte das Wort für die Strategie, gab die Stoßrichtung vor. Strategie war im Dirigat. Heute hat sich der Begriff gewandelt. Wir verstehen darunter: *machen* – gleichgesetzt mit *Veränderungen steuern*, also *managen*.

Die Idee für eine Veränderung haben heißt noch lange nicht, dass sie machbar ist. Das Schwierigste daran ist das *Umsetzen*. Das bedingt ein gemeinsames Handeln.

Mit dieser Strategie, Idee und Umsetzung für null Fehler entsteht der Erfolg auf beiden Seiten. Hierarchiedenken steht aber bekannterweise dem strategischen Verhalten im Weg.

Die Umsetzung meiner Logistik folgt dem Gesetz der Einfachheit. Die neue Ordnung kann nur Platz greifen, wenn jeder sie besetzen kann, jeder sie geübt hat. Jeder Mitarbeiter muss in der Lage sein, mit den Ordnern wie gelernt umzugehen. Den Postlauf eines Schriftgutes zu wissen, nicht nur zu vermuten.

Die Meisterschaft des Einfachen erzeugt in diesem Fall hohe Wirkung und unverbrüchlichen Erfolg. Sie erinnern sich: Das Alphabet kann jeder.

Die Einübung der Logistik mit allen Mitarbeitern muss von allen getragen werden. Als Hilfsmittel dient die Visualisierung, das heißt, jeder kann das

Konstrukt dieser Ordnung erkennen und besetzen. Die Kommunikation, der Dialog eröffnet uns im Team die Durchsetzung der strategischen Erneuerung. Im Team ablegen ist neu und macht Sinn. Dadurch entsteht der Weg zur Null-Fehler-Strategie.

Es ist nicht möglich, aus dem Verband der Arbeitsweisen auszusteigen, bis das Ergebnis gemeinsam erreicht wird. Dieses ist die Voraussetzung damit die Organisation in die neue Logistik gelingt.

Wie im Kapitel »Humor und Freude« schon belegt, ist es wichtig, sich über das Ereignis »Büro-Logistik« zu freuen und damit anzuerkennen, dass das eigene Potenzial als zukünftige Maßregel gilt.

»Nur was im Einzelnen funktioniert, funktioniert im Ganzen; nur was im Ganzen funktioniert, funktioniert im Einzelnen.«

Philipp Crosby

Strategie ist manchmal »wie Springen über den eigenen Schatten«.

Das ist eine Qualität. Mit dieser Qualität ist die Lunte für den Akt der Büro-Logistik gelegt. Die Umsetzung erfolgt nach genauen Prinzipien mit der Prämisse, dass Qualität Vorbeugung ist und nicht nachträgliche Prüfung. Dadurch entsteht die Bedingung: *null Fehler*.

Es ist aber durchaus möglich, dass es dem Mitarbeiter an Willen fehlt, perfekte Arbeit zu leisten. Unlust an der Ablage ist ja, wie wir wissen, keine Seltenheit. Dadurch können sich Unzulänglichkeiten bilden, die nichts mit der Qualität der Dienstleistung Büro-Logistik zu tun haben.

Einwurf: *»Bei der Lohnabrechnung dürfen keine Fehler vorkommen! – Das lässt sich ja auch keiner gefallen!«*

Ziel ist: »Ordnung im Büro.« Die Arbeit wird von vorneherein richtig gemacht. Nachdem die Methode und Systematik für Bürologistik gelernt worden ist, folgt nun das ständige Auseinandersetzen mit der erlernten Materie. Die Arbeit fließt mit genauer Logistik und wird beibehalten wegen der Meisterschaft des Einfachen.

Fehlende Kenntnisse und ungenügende Aufmerksamkeit verursachen Fehler. Also besetzen Sie die Logistik von A–Z für immer mit *null* Fehler!

Ich schließe diesen Buchstaben mit einem Zitat von Frau Gertrud Höhler: *»Nicht mehr das bessere Produkt oder Konzept ist erfolgreich, sondern die bessere Qualifikation der Führung. Produkte und der Umgang mit den Kunden machen den Vorsprung eines Unternehmens aus.«*

» Die Idee muss heißen, Leistungsstandard ist null Fehler und nicht ›das tut's auch‹.«
Philipp Crosby

R   Rationalisierung überall

Rationalisierung von Büromaterial

Der Einkauf von Büromaterial ist meist ein leidiges, kurzes Kapitel. Meistens ist er zentral geregelt. Sie sollten daher den Einkauf besser organisieren und das Büromaterial in der gleichen Weise alphabetisch sortieren:

Bleistift unter B, Diskette unter D, Radiergummi unter R etc.

Sie finden das lächerlich?

❖ Bisher konnte ich immer feststellen, dass Büromaterial unkontrolliert gekauft oder verbraucht wird.
❖ Gebrauchtes Büromaterial wird in den meisten Fällen entsorgt: Wer will schon die alten Körbchen, schmuddelig und grau, vom Vorgänger.
❖ Offensichtlich ist die Schmerzgrenze nicht erreicht, und es ist immer noch Geld da. Für Materialien wird meist mehr Geld als nötig ausgegeben. Wobei nicht gemeint ist, dass jeder seinen Bleistift bis auf zwei Zentimeter zu Tode spitzt.

Rationalisierung von Büromöbeln

Büromöbel gibt es auch immer zu viel.

❖ So finden wir Wandschränke ungenutzt, zu viele Sideboards, Container, die, wie bereits beschrieben, meistens als Kiosk dienen.

❖ Häufig wird Klage geführt, dass der Platz nicht reicht. Doch der Platz reicht schon. Es wird nur nicht darüber nachgedacht.

❖ Aber: Zu Hause denkt jeder über jeden Quadratmeter nach, der gehört einem ja auch.

❖ In der Firma aber löst sich das positive Denken über Möbel und Einrichtung in Wohlgefallen auf. Dabei verbringen wir die meiste Zeit des Tages an diesem unwirtlichen Ort.

❖ Es lohnt sich, den Raum mit anderen Augen anzusehen, die Fensterbänke freizulassen, die Tische nicht mit Verlegenheitskörbchen zuzubauen oder Schränke mit Altlasten zuzustellen.

Und Ihr Chef wird natürlich nicht auf die Idee kommen, Sie würden nicht genügend arbeiten, wenn die Fensterbänke und Tische freigeräumt sind. Dieses Denken ist außerdem recht altmodisch, seit dem »PC-Einbruch«. Sie wissen ja inzwischen auch: 30–40 Ordner pro Nase reichen für ein ganzes Jahr.

Rationalisierung im PC

Zu viel gespeichert? Und Sie wissen nicht mehr wo? Sie sollten dann unbedingt folgende Tipps beachten:

❖ Räumen Sie von Zeit zu Zeit Ihre Festplatte auf!

❖ Sie werden uralte Schriftstücke und Masken finden, die längst überholt sind. Löschen Sie diese.

❖ Prüfen Sie, wie oft ein Schriftstück abgelegt ist:
   1 x im Ordner bei Karl, Projektleiter,
   1 x im Ordner bei Anna, Spedition,
   1 x im Ordner »Tageskopie« bei Monika, Sekretariat,
   1 x im Hängeregister bei Fritz, Verkauf,
   1 x im PC, im Backup,
   1 x im PC bei Monika, Sekretariat, zur Sicherheit.

❖ Prüfen Sie auch, wie lange Sie einen Brief im PC und im Ordner aufheben!

Mir kommen da die Tränen und Ihnen hoffentlich ein paar kluge Ideen, wie:

❖ Vernetzung im PC,
❖ Absprachen, wer sich wann und um was kümmert und wie lange ein Schriftstück brisant und wichtig ist.

Insgesamt sind nachfolgende Dimensionen zu optimieren:

❖ der Aktenfluss im Büro, im PC, im Archiv,
❖ die Ablagetechnik im Ordner, in der Hängeregistratur, im PC,
❖ die Büromöblierung für den Einzelnen, für das Großraumbüro, für das Archiv,
❖ die Flächen und Volumenberechnung im Büro des Mitarbeiters, im Archiv, im PC die Kapazität festlegen,
❖ die Zeitaufwendung durch das Personal in Prozenten (siehe S. 57f.),
❖ der Ordnungsmodus, die Festlegung der Logistik, die für alle gleich sein muss.

Bei dieser Optimierung kommt es zu Kosteneinsparungen.

Wollen Sie jetzt wissen, wie viel das in Mark und Pfennig ergibt? Es gibt noch immer keine sicheren Zahlen. Sie schwanken zwischen DM 9.000,– und DM 25.000,– pro Jahr. Unsinnige Aktenschiebereien kosten Sie aber im Schnitt eine Stunde pro Tag. Und nun rechnen Sie, was Sie mit der Zeit anfangen sollen? Eine Möglichkeit wäre: Urlaub ...

S + T + U System – Teamfähigkeit – Unentbehrlichkeit

Methode und System

Wer sich neu organisieren will, informiert sich vorher und stellt fest, dass es unzählige Ideen gibt: Markenzeichen für Ordnung, Organigramme von A–Z. Es gibt die vielen Formen von Agenden, Kalendern, Zeiterfassungs- und Terminsystemen. Im Einzelnen angewandt hat jedes zur Ordnung führende Produkt eine Form von Berechtigung. Allein es fehlt die Methode.

» non scholae sed vitae discimus «

Die Methode der Vereinfachung in der Logistik habe ich zitiert. Sie hat in diesem Kapitel noch einmal das Wort. Mit der Vereinfachung ist eine Erlernbarkeit für alle Mitarbeiter einer organisierten Einheit gewährleistet.

Es ist davon auszugehen, dass der Prozess der Logistik bei allen vollzogen wird. Das bedingt eine präzise Auseinandersetzung mit den Gepflogenheiten eines Hauses oder der Berufssparte.

Die Erkenntnis muss sein, dass alle Abwicklungen gleich abzuhandeln sind, trotz divergierender Themen oder Maßnahmen.

Die Logistik ist überall gleich korrekt besetzt. Die Methode der Vereinfachung greift und führt zu einem Tatbestand, den wir Teamfähigkeit nennen.

Teamfähigkeit

»Teamfähigkeit« ist eher eine Rarität im »Ablagegeschäft«.

Ich wette auch hier, dass jeder die Situation kennt: Sie kommen aus dem Urlaub, und da liegen Berge an Arbeit fein säuberlich nach Tagen gestapelt. Da vergeht jedem frisch gebackenen Urlauber die Lust.

Oder Sie braten in der Sonne und haben alles vergessen. Da kommt der Hotelboy mit dem Silbertablett und der Nachricht, zum Telefon zu kommen. Ihr Chef ist dran und fragt: Wo ist …?

Da wird es einem doch so richtig wichtig zumute. Der Brustkasten schwillt und im Kopf die Blase:

Unentbehrlich!

Unentbehrlichkeit

Eine viel geliebte Position. Die Kolleginnen und Kollegen können ohne mich nicht weiter: ICH – ICH – ICH. Und der Satz klingt einfach zauberhaft: »Es ist doch toll, wenn man gebraucht wird.«

Mal ehrlich, Sie wurden nicht für Ihr phänomenales Chaos = Unordnung eingekauft, sondern für Ihr Fachwissen und Ihre Professionalität oder gar Ihre Kompetenz.

Besetzen Sie diese Kompetenz! Entbehrlichkeit in Sachen Ordnung ist wichtiger als Ihr Chaoshaufen (Unordnung) auf der Fensterbank. Sie wissen, Sie können beruhigt in Urlaub gehen. Ordnung im Büro schafft Ihnen Freiraum. Unentbehrlichkeit in Ihrer Professionalität ist Ihr Kapital. Ihre Kollegen versorgen mit Kompetenz Ihren Arbeitsplatz mit.

Und Urlaub ohne Büro ist Bedingung. Sie können sich unbesorgt ausruhen.

Ihre Beziehung untereinander ist nicht die Unentbehrlichkeit, sondern das Vertrauen, Kontakt und Kommunikation bilden die Grundlage Ihres beruflichen Handelns.

Für die Logistik ist der Konsens unabdingbar. In der Gleichheit der Ablage. Aber in einer großen als auch kleinen Gruppe liegt immer auch der kostenminimierende Vorteil.

Das System ist bei allen installiert:

❖ auf dem Tisch,
❖ in den Schubladen (ausgenommen Ihr persönlicher Kiosk),
❖ in den Schränken.

Immer gilt: A   P   DOK
                   Administration Projekt Dokumentation

Ein »Dreiklang«, an den sich alle geschulten Mitarbeiter halten. Das »Innenleben« des Ordners, der Hängemappe, im PC ist kongruent. Was bedeutet das? – Sie ahnen es schon.

Sie können einen Vertreter, eine Platzhalterin, ja sogar einen völlig ungeübten Mitarbeiter an Ihren Platz setzen. Ihre Urlaubsvertretung ist gesichert. Er/sie wird Sie vertreten können. Nicht in Ihrem Fach, aber die Administration kann versorgt werden: Weil Sie inzwischen wissen, dass die Position dieser Logistik auf alle Branchen anwendbar ist.

Sie können ohne Last mit Lust in Urlaub fahren. Ihr Platz wird nicht zuwachsen und Ihnen in den ersten Tagen den Urlaub vermiesen.

Die *Teamfähigkeit,* gekoppelt an *Entbehrlichkeit* und *Synchronität,* sind ein Rechenfaktor bei der Kosteneinsparung.

Sie sparen wieder Zeit – Geld, und Sie können sich mit Ruhe zurücklehnen. Die Arbeitsabläufe sind transparent, und die Gelassenheit tut ihr Übriges.

Vielleicht können Sie sich öfters dem Spruch hingeben:

»Beatus ille qui procul negotiis« – *»Glücklich, wer fern den Geschäften«*
Horaz

V Verantwortung

Für Leben, Haus und Hof und für Beruf und Betrieb tragen wir die Verantwortung. In diesem Buch kommt immer wieder das Wort Individuum vor, das individuelle Ablegen. Die Verantwortung für sich selbst, für die tägliche Arbeitswelt, für das Büro. Dennoch gibt es über alle »Organisation« und Zuteilung die Macht der Persönlichkeit des einzelnen Menschen als tradiertes Potenzial, weil diese Traditionen uns immer wieder einholen. Wir haben keine andere Möglichkeit, die kaufmännischen Abwicklungsmodalitäten zu ändern, wir bleiben immer dem Baustein Logistik im Kaufmännischen verbunden.

Gehen wir jetzt zurück in die Logistik, einem Teilaspekt, ein Baustein aus der Gesamtheit der Büroabwicklung. Nehmen wir die Verantwortung für eine gezielte Kostenminimierung in die Hand. Das hat nichts mit Individualität zu tun. Befreien Sie sich von der täglichen Belastung, sich in Ihrem Büro nicht auszukennen.

In diesem Kontext entsteht dort, wo die Logistik mit Disziplin besetzt ist, eine Arbeitskultur, die in die Unternehmenskultur einfließt.

Bitte lesen Sie die folgenden Aussagen in Ruhe durch, und kreuzen Sie an, inwieweit diese für Sie zutreffen. Anschließend können Sie der Auswertung entnehmen, welche Maßnahmen für Sie einzuleiten sind.

» Qualität ist machbar. «
Philipp Crosby

Die Forderungen werden sichtbar, die Kosten desgleichen. Die Lösungen für ein methodisch und systematisch organisiertes Büro sind gegeben. Der Auftakt ist immer die Erkenntnis, die Strategie zu ändern für ein ideal organisiertes Bürofeld. Räumlich genau gegliedert, Personal bewusst eingearbeitet, Büroeinrichtung ergonomisch gestaltet.

Dazu vielleicht noch einmal einen Rückblick in Kapitel F wie Finanzen.

Logistik des Unternehmens vor der Reorganisation			
	trifft exakt zu	einiges davon trifft zu	trifft nicht auf uns zu
Die Logistik entspricht nicht den Anforderungen, individuelle Ablagen.			
Nachbesserung der alten Ablage ist notwendig, es entstehen Suchaktionen, Zeitverluste.			
Die Mitarbeiter sind nicht über die Ansprüche der Geschäftsführung in Bezug auf Logistik informiert.			
Die Unternehmensleitung ist sich nicht im Klaren über die Kosten einer nichtsynchronen Ablage.			
Die Unternehmensleitung ist der Meinung, dass Logistik nicht von ihr abhängt.			
	5 Punkte	3 Punkte	1 Punkt

Punkteauswertung:

21–25	Punkte	kritisch	Es wird sofort eine intensive Behandlung benötigt.
16–20	Punkte	ernst	Benötigt wird Beratung und künstliche Ernährung.
11–15	Punkte	stabil	Sie brauchen medikamentöse und ärztliche Behandlung.
6–10	Punkte	rekonvaleszent	Regelmäßige Kontrolluntersuchungen sind angezeigt.
5	Punkte	gesund	Eine Beratung kann nicht schaden.

Goldwäger

W   Wesentlichkeitsbetrachtung

Wesentlichkeitsbetrachtung und Wertschöpfung

Die Wesentlichkeitsbetrachtung über den Vorgang der Logistikmethode zeigt auf, was erreicht werden kann:

- ❖ Egalität der Ablage bei jedem Mitarbeiter, in jedem Büro, bis hin zum Archiv.
- ❖ Anordnung der Ordner und deren Inhalte sind gleich.
- ❖ Rationalisierung des Zeitaufwandes für die Ablage.
- ❖ Rationalisierung durch Einsparungen beim Möbelkauf.
- ❖ Das Erwirtschaften von Zeit: im Bereich der Verwaltung, pro Person.

Erweiternd frage ich Sie noch einmal. Wie kriegen Sie es hin, dass in den Büros leistungsfähiger und dichter gearbeitet wird? In der Produktion sind alle Abläufe klar und mechanisch geregelt. Wie Sie wissen, ist das bei Büroarbeitsplätzen nicht so. Die Kostenberechnung haben wir bereits angestellt. Die Sach- und Vorbereitungsbearbeitung wird immer komplexer. Am wichtigsten ist aber die Wesentlichkeitsbetrachtung über den Gesamtkomplex »Büro«.

Mediziner und Psychologen sind längst eingebunden in die Entwicklung von Ambiente = Raumgestaltung, Motivierungsarbeit kommt hinzu. Übrigens ein Erfolgsfaktor für die Effektivität im Unternehmen. Die Wesentlichkeitsbetrachtung führt zum Ziel, zur Erkenntnis und zur Machbarkeit.

Alle Firmen, für die ich bereits die Logistik installiert habe, hatten das Phänomen des »Nichtwissens«. Das heißt nicht, dass diese Firmen oder ihre Mitarbeiter ihr »Handwerk« nicht konnten. Es fehlte das Implizit zu wissen, was eine unorganisierte Ablage kostet.

Durch den Aufruf zur Kostenminimierung sind die Firmen gezwungen, über die Kosten im Büro nachzudenken:

- ❖ Aufbewahrungsfristen,
- ❖ Wertigkeiten des Schriftgutes,
- ❖ Effizienz am Arbeitsplatz,
- ❖ Ablageoptimierung,
- ❖ Ordnungskriterien und Prinzipien,
- ❖ Aktenplan für die Archivierung,
- ❖ Registraturen und Einrichtung,
- ❖ EDV-Verwaltung.

Mit Hilfe meiner Methode entsteht ein Wissen über eine genaue Möglichkeit der Kosteneinschätzung. (Es ist möglich eine Kapitalflußgrafik zu erstellen.)

Die Wertschöpfung, die daraus entsteht, ist schwierig zu errechnen, aber möglich. Die Tatsache, einem Manager pro Jahr circa 50 bis 98 Stunden zu erwirtschaften, ist sowohl ein unübersehbarer Geldwert als auch ein Äquivalent für Lebensqualität. Sie können die gewonnene Zeit privat nützen oder setzen Ihre Kraft für neue Kreativität und Innovation ein:

Konsens im Inneren und Äußeren. Denn schließlich kommt es nicht auf Wissen um große Ideen und Philosophien an, sondern auf die Umsetzung in die Gelebtheit und Gangbarkeit der kleinen Schritte.

» I don't like emphemeral things. I like things that last forever. «
Laura Ashley

X   für ein U? Nie mehr!

Büroprofi für immer

Lassen wir noch einmal Sokrates zu Wort kommen: »Ich weiß, dass ich nichts weiß.«

Aber:

- ❖ Sie wissen jetzt, wie Ablage »geht«.
- ❖ Sie wissen, was sie wert ist.
- ❖ Sie wissen, dass sie Sie weniger Zeit kostet.
- ❖ Sie sind der Büroprofi für immer: innen und außen, zu Hause und im Geschäft.

Niemand kann Ihnen mehr ein X für ein U vormachen.

Y   Yoga im Büro?

Ein neuer Geist herrscht im Büro. Yoga im Büro, warum nicht? Sie haben jetzt Platz. Sie haben es geschafft. Wenn die Organisation klappt, öffnet sich unvermittelt Raum für anderes; und damit die Gelegenheit, die ohnehin vernachlässigte innere Logistik zu pflegen. Und das ganz nach dem Grundsatz der Kongruenz zwischen innen und außen.

»Altmodisches«:

»Der Hobel aus dem Mittelalter gleicht unserem Hobel. Es gibt keine Entwicklung einmal gelöster Dinge. Man darf nur dann etwas Neues machen, wenn man etwas besser machen kann. Nur die neuen Erfindungen (das elektrische Licht z.B.) reißen Löcher in die Tradition.«

Und »Fürchte nicht, unmodern gescholten zu werden. Denn die Wahrheit, und sei sie Hunderte von Jahren alt, hat mit uns mehr inneren Zusammenhang als die Lüge, die neben uns schreit.« Adolf Loos

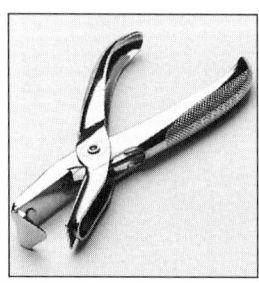 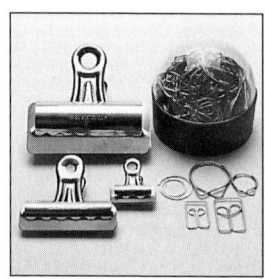 

Z   Zeit ist Geld

Es gibt nach der Methode Logistik von A–Z kein Zurück in den alten Zustand. Das wäre Reparatur. Die »Heilung« war möglich.

Persönliche Anmerkung: Bei all meinen Kunden, allen!, habe ich nach unverhofftem Besuch immer feststellen können, dass die Logistik noch da war, dass A, P uind DOK sichtbar geblieben ist. Keine Rückfälle! Durch die Methode des ruhelosen Fragens und der Meisterschaft des Einfachen ist das »Implantat« erhalten geblieben. Selbst nach fünf Jahren!

Das spricht für die richtige Methode und für mich, denn ich komme zu jedem Kunden nur einmal.

Sie wissen schon warum: Es ist die Null-Fehler-Strategie.

- ❖ *Potenziale:* Gewinnchance des Unternehmens, nutzbare Energie der Mitarbeiter nicht mehr in die Ablage investieren zu müssen.
- ❖ *Strategie:* Die erlernte Ordnung beizubehalten, damit die Umsetzung als Gewinn für den Betrieb, die Abteilung zu zählen ist.
- ❖ *Disziplin:* Zeit ist Geld, und Zeit sparen ist Geld sparen. Damit ist logisch, aber auch platt gesagt, was Ihnen eine optimierte Büroorganisation neben der Lust an der Arbeit auch noch bringen kann.

Bis jetzt wussten Sie unbewusst: *Unordnung kostet Geld.* Jetzt wissen Sie es genau: Es ist keine Vision, Qualität wird zur Realität.

Ab jetzt handeln Sie bewusst:

Nachdem alle Akte der Logistik durchgespielt und erlernt wurden, gibt es bei diesem besonderen Bürotheater ein Happyend: Die Ablage kostet Sie kein – G e l d – mehr, sondern Sie haben

Zeit, Geld und Raum

gewonnen. Das ist eine unumstößliche Tatsache.

»Die Zukunft hat schon begonnen.«
Robert Jungk

Vorhang zu

Nachwort

Chaos und Ordnung

*Eine philosophische Schöpfungsgeschichte aus
der Sicht der Geschwister Chaos und Ordnung*

Die wunderbar kreativen Geschwister saßen im Universum auf einer Wolke und schauten auf die Welt hinunter, die schon bestand, bevor die Menschen die Entstehung ihrer Erde erfinden mussten.

Das bunte sinnenreiche Chaos, sehr sächlich, war der gähnende Abgrund mit leeren Flecken auf seiner Jacke, die mit Nebel glitzernd besetzt war, und es war formlos und hatte konfuse Punkte auf dem Revers.

Auf dem Kopf trug es ein Inferum (kommt von Inferno) Horridum (kommt von Horror) also ein Inferum Horridum, ein wahrhaft schöner wilder Schmuck, und in der Hand hielt es ein kantsches Fähnchen, worauf stand: »Die völlig unsystematische Welt ist für den wissenschaftlichen Menschen ein heterogenes Kontinuum, dem er hilflos gegenübersteht.«

Die Ordnung, sehr sehr weiblich, war das geordnete Verhältnis zwischen den Teilen eines Ganzen und trug ein geometrisches Schuppenkleid in schillerndem Blau.

Und um den Kopf wand sich eine Ratio Capax (der Verstand), und in der Hand hielt sie eine zentrale Triebfeder aus Ruhe und Sicherheit geflochten, ein Luce Rationis, opulent schön und streng, wie eine Marginalie.

Die beiden saßen auf der Wolke aus Harmonie und Symmetrie, wobei das Chaos, sehr sächlich, versuchte, eine Delle in die Harmonie zu drücken, die Ordnung aber stach mit der Triebfeder immer wieder in die formlose Nebeljacke, um das Gleichgewicht zu halten.

Dennoch unterhielten sie sich außerordentlich gut: Sie sahen den indianischen Ursprungsmythos. Sie liebten nämlich die Mythen und wussten um die sybillische Symbolik.

Am Anfang war nur Finsternis und Wasser. Die Finsternis ballte und spaltete sich und kam an einen Ort, wo ein Mensch hervorkam.

Er wanderte durch die Finsternis, bis er zu denken anfing, und er erkannte sich.

Er legte eine Hand auf sein Herz und zog einen langen Stock heraus, den nahm er zur Hilfe und ruhte sich darauf aus. Dann schuf er sich kleine Ameisen.

Alles, was er schuf, entzog er aus seinem Körper. Der Stock war aus Fettholz, und aus dem Harz des Holzes machten die Ameisen eine runde Kugel.

Er legte sie in die Finsternis und sang: »Ich schaffe die Welt.« Und während er sang, wuchs die Welt.

Dann nahm er einen Stein und zerteilte ihn in Stücke, und so entstanden die Sterne, und er heftete sie an den Himmel, damit sie leuchten sollten. Dann schuf er die Milchstraße, und er schuf den Mond, aber es war nicht hell genug.

Er schuf die Sonne aus zwei Wasserbecken und warf sie gen Osten, sie fiel nicht auf den Boden. Sie blieb am Firmament stehen. Da warf er sie nach Norden und Westen und Süden, aber sie berührte den Boden nicht.

Da warf er sie zum zweiten Mal gen Osten, dieses Mal kam sie auf dem Boden auf, sprang ab und stieg empor. Seitdem ist sie in Bewegung.

Da rief der Mensch: »Da bin ich.« So entstand das Ich.

Er fürchtete sich, aber er erkannte, dass niemand außer ihm da war. Da verlor er die Furcht.

Er hatte auch keine Freude. Da begehrte er nach einem Zweiten. Er war so groß wie ein Mann und eine Frau, wenn sie sich umschlungen halten.

Da zerfällte er sein Selbst. Mit diesem Halbscheid begattete er sich, und so entstanden die Menschen.

Sie erwog: Wie mag er sich mit mir begatten, nachdem er mich aus sich gezeugt hat?, und verbarg sich.

Da wird sie zur Kuh, er zum Stier, und so entstand das Rindvieh. So geschah es mit Stuten, Eselinnen, Ziegen und Schweinen.

So geschah es, dass er alles, was sich paart, erschuf.

Da erkannte er: Ich bin die Schöpfung, und so entstand der Name: Schöpfung.

Das sächliche Chaos und die weibliche Ordnung freuten sich: von allem gab es zwei: gut und böse, schwarz und weiß, Liebe und Hass, Lärm und Stille, Verstand und Fantasie, und sie selbst waren ein unschlagbares Paar.

Sie drehten etwas am Wolkenruder, streiften Atlantis am blauen Meeresgrund. Die Ordnung wollte aber nicht im Wasser bleiben und sagte: »Ich habe eine Idee und ein Konzept, wir suchen Schweine auf der ganzen Welt. Sie sind ein Mythos, jedoch keine Minderheit, aber verfolgt von allen -Ismen und stellen dennoch ein Symbol dar. Wir wollen sie aufzählen.«

Das sächliche Chaos nörgelte etwas, nebelte vor sich hin, weil es überall hinwollte, um ein paar seltene Reste irgendwohin abzulegen, es gab ja genug verlorene Ecken, wo man irgendetwas hinschmeißen konnte.

Die Ordnung, sehr sehr weiblich, schoss einen stahlblauen Blick ab und sagte: »Solange du deine formlosen Füße unter meine Wolke steckst, folgst du mir auf dem Fuße.«

Das Chaos blinzelte verschmitzt und versteckte schnell einen Stapel wichtiger Notizen auf Nimmerwiedersehen unter einen Milchstraßenstern. Und kicherte über seinen kleinen Triumph.

Da schrie das sächliche Chaos: »Ich sehe das erste Schwein.« »Wo?«

In Neuguinea, die Ceramesen stellten sich das Urschwein als kosmisches Gefäß vor. Und die Menschen lebten in einem mythischen Schweinedorf mit alten Riten.

Die weibliche Ordnung aber schwenkte um nach Indien zu den Tamilen. Die älteste Schweinegöttin ist Varvarani, übersetzt: die Diamantensau. Sie ist die Herrscherin über erzürnte Gottheiten 1.000 Jahre vor der Zeitrechnung.

Das Chaos hatte keine Lust auf Indien und riss die Wolke scharf herum und glitt nach Ägypten zum Mutterschwein NUT 3.100 Jahre vor Christi.

Es war das Kosmosschwein, blaufarben aus der 26. Dynastie am Osiristempel in Abydos.

Die Ordnung feixte und rief »Blau Blau Blau ist alles was ich habe, weil mein Schatz ...« »Bist du still, das heilige Schwein ist dem Mond geweiht und nicht dir!«

Also gut! – drehen wir ab in die neolithische Zeit 7.000 Jahre vor der Zeitrechnung. Dort gibt es das lächelnde Schwein von Vinca.

In der matriarchalischen Kultur ist das Schwein ein heiliges Tier. Man fand in der Nähe von Sofia die lächelnde Sau.

Die Ordnung bemerkte anzüglich: »Der Schweinekult wurde natürlich von Männern zerstört, von dorischen Einwanderern übrigens.«

Das Chaos schniefte angewidert, denn es wusste, ohne Chaos keine Ordnung, und drehte das Wolkenruder herum, und sie rutschten nach Griechenland zur Schweinegöttin Kirke.

Die Ordnung schrie: »Dort ist Odysseus und seine Männer, und sie stören wieder einmal die Frauen und den Frieden. Deshalb wurden sie in borstige Schweine verwandelt.« Denn die Ordnung wusste, ohne Ordnung kein Chaos.

Das sächliche Chaos dehnte seine formlosen Flecken und sagte: »Immer nur Schweine, wie wäre es mit dem Eber?«

»Auf zu den Druiden!«, rief da die Ordnung, zum keltischen Riesenschwein mit dem Ur-Ei im dritten Jahrhundert vor der Zeitrechnung.

Das Chaos langweilte sich etwas und nuschelte etwas von Artus im 11. Jahrhundert, zog unwirsch am Ruder und sah das schwarzhumorige England. und kicherte. An Kirchen und Glasfenstern sah es Wildschweine von Steinmetzen angebracht.

Da stand sogar: »To go to pigs and whistles is to be ruined.« In Bedfordshire sitzt ein flötendes Schwein auf der Armlehne einer Kirchenbank. An anderen Kirchen gibt es Schweine mit Harfen und Geigen. Das ist das musische Schwein.

Die Ordnung dirigierte, wie es ihre Art war, und ab ging es zum Kontinent nach Deutschland: Schweine als Wasserspeier an Domen, und 1.220 ritt sogar ein römischer Kaiser auf einem Eber in der Steiermark herum.

Sogar der große Frankfurter Johann Wolfgang von Goethe verstieg sich zur Bemerkung: »Ich will lieber eine Ungerechtigkeit begehen, als eine Unordnung ertragen.«

Das Chaos meckerte bunt: »Hör endlich auf, Perlen vor die Säue zu werfen.« Der Spruch stammt übrigens aus der Bibel, Matthäus 7, Vers 6. Außerdem habe ich ordentlich Hunger.

Die Ordnung fühlte sich empfindlich gestört, sie gab sich ja gerade Goethe hin.

»Wir sind ja schon da. Die Reise von der Schöpfung bis ins 20. Jahrhundert war so lange nicht. Es fehlen noch ganze Herden von Schweinen. Und da wir eine chaotische Zeit haben, haben wir keine Zeit für Ruhe und Ordnung. Oder?«

Das Chaos murmelte leise, formlos vor sich hin, hüllte sich in glitzernden Nebel, griff sich ein Omelette Surprise, klopfte der Ordnung liebevoll auf die Schulter und sagte: »Los, auf zum Nordpol, dahin folgt uns kein Schwein.«

Die Ordnung nahm sich ein kleines blaues Jojo, um sich zu beruhigen, winkte mit ihrer Triebfeder, und aus der Feder fiel ein menschlicher Satz aus der Eselskomödie des Plautus: »HOMO HOMINI LUPUS.« Der Mensch ist des Menschen Wolf. Und damit beginnt eine menschlich unmenschliche ganz andere Schöpfung.

Abspann

Literaturverzeichnis

Büchmann: Geflügelte Worte, Droemer/Knauer, München

Campbell, Joseph: Der Flug der Wildgans – Mythologische Streifzüge. Piper, München 1994

Crescenzo, Luciano de: Geschichte der griechischen Philosophie, Diogenes, Zürich 1985

Crosby, Philipp B.: Qualität ist machbar. McGraw-Hill Book Compagny, Hamburg [2]1990

Fehlind, Klaus: Die unendliche Bibliothek, 1996

Gottschall, Karin: Frauenarbeit und Bürorationalisierung. Campus Verlag, Frankfurt 1990

Kursbuch 89: Das Chaos, Rotbuch Verlag. Hamburg 1989

Leitz, Louis (Hrsg.): Methodik-Handbuch. Leitz ALPHA Schreibtisch-Aktei. Stuttgart 1986

Mann, Rudolf: Das Visionäre Unternehmen. Gabler, Wiesbaden 1990

Schopenhauer, Arthur: »Kopfverderber«. Insel Verlag, Frankfurt am Main 1982

Schouwink, Wilfried: Der wilde Eber in Gottes Weinberg, Thorbecke Verlag, Sigmaringen 1985

Voss, Jutta: Das Schwarzmond-Tabu. Kreuzverlag, Zürich? [12]1996

Zürn, Peter: Ethik im Management, Frankfurter Allgemeine Zeitung, Frankfurt am Main [2]1991

Bild- und Quellennachweis

S. 12,19,35,	© 1991, Yolanda Nave, Ich freu' mich aufs Büro,
 58,83,96,101: DUMONT Buchverlag Köln
S. 15:	Arnold Odermatt, Stans
S. 22:	F.K. Waechter
S. 37:	Foto: Historisches Museum Frankfurt am Main. Fotografin: Ursula Seitz Gray. Drittes Morgenstern'sches Kabinett
S. 38:	Foto: Jürgen Eis. Frankfurter Allgemeine Zeitung, 7.7.1994
S. 39:	W.H. Matthews: Mazes and Labyrinths: Their History and Development, New York 1970
S. 40:	Michael Amman/Baaske Cartoons
S. 43:	Foto: Helmut Fricke, Frankfurter Allgemeine Zeitung 5.4.1992
S. 49:	Foto: David Ausserhofer, Frankfurter Allgemeine Zeitung, 5.10.1996
S. 54,55,	Mängel und Kosten der Schriftgutverwaltung. AWV-Schrift,
 56,57:	Eschborn 1996
S. 59:	C.G. Jung: Der Mensch und seine Symbole. Walter-Verlag, Solothurn und Düsseldorf [13]1993
S. 62:	papan
S. 65:	Peter Gaymann/Cartoon Concept, Hannover
S. 69f.:	Das Büro 1. VOKO Vertriebsstiftung, Pohlheim 1996
S. 87:	Frieder Nake, Napoleon als Struktur – Gestalt – Chaos, 1969
S. 94	Philipp Luidl/Helmut Huber: Ornaments – Ornaments. Verlag F. Bruckmann, München 1983
S. 98	Südliche Meeresküste, 1947. Aus: Max Beckmann: Der Zeichner. Piper Verlag München [2]1958
S. 104	Petrus Christus: Hl. Eligius

Zu einigen Abbildungen konnten die Bildrechte nicht ermittelt werden. Sollten sich Inhaberinnen und Inhaber von Nutzungsrechten nachträglich melden, wird der Verlag das übliche Nutzungshonorar nachzahlen.

W BELTZ WEITERBILDUNG

Gabriele Stöger
Besser im Team
Stärken erkennen und nutzen.
142 Seiten. 27 Abb. Pappband.
ISBN 3-407-36327-3

Lernen Sie sich und Ihr Team besser
kennen. In diesem Buch wird eine
Persönlichkeitstypologie entwickelt,
die es erlaubt, Ihre eigenen Stärken
und Schwächen sowie die Ihres
Teams zu erkennen. Zahlreiche Fallbeispiele erleichtern die Umsetzung
in die Praxis.
Damit Teams wirklich effektiv zu-
sammenarbeiten, müssen sich die
Teammitglieder optimal aufeinan-
der einstellen können. Die unter-
schiedlichen Persönlichkeiten müssen mit ihren spezifischen Stärken
voll zur Entfaltung kommen.

»Für Macher, Pragmatiker und
Anhänger des täglich gelebten
Lernenden Unternehmens ist das
Buch Evangelium. (...) Das Buch ist
das Zen der Teamentwicklung.«
PERSONAL POTENTIAL

Aus dem Inhalt:
Woher kommt Ihr Ärger; Lernen
Sie sich kennen; Fragebogen zur
Analyse Ihres Persönlichkeitstyps;
Die Persönlichkeitstypen; Lernen
Sie Ihr Team kennen; Fallbeispiele.

Martin Hartmann/Michael Rieger/
Brigitte Pajonk
Zielgerichtet moderieren
Ein Handbuch für Führungskräfte,
Berater und Trainer.
156 Seiten. Zahlr. Abb. Pappband.
ISBN 3-407-36334-6

In vielen Unternehmen und Orga-
nisationen spricht es sich herum:
gut moderierte Gruppen sind einfach effizienter. Die Zusammen-
arbeit verläuft zufriedenstellender,
die Ergebnisse erfüllen höchste
Ansprüche und werden von allen
Gruppenmitgliedern getragen.
Und die Chance, dass derartige
Ergebnisse in der Praxis auch wirklich zur Anwendung gelangen,
steigt enorm.

Aus dem Inhalt:
Was bedeutet Moderation? Die
Stärken der Methode; Die Rolle des
Moderators; Wie wird eine ziel-
gerichtete Moderation vorbereitet?
Wie sieht der Ablauf einer mode-
rierten Sitzung aus? Welche Arbeits-
verfahren unterstützen die Moderation? Partner des Moderators:
die Gruppe; Lehr- und Wander-
jahre: Wie werde ich Moderator?
Umfangreiche Checklisten für die
Praxis.

Wolfgang Hovestädt
Sich selbst organisieren
Weg vom Zeitdruck: Wie man sich
die Arbeit erleichtern kann.
128 Seiten. Zahlr. Abb. Pappband.
ISBN 3-407-36331-1

Wie kommt es, dass manche Leute
in den 168 Stunden einer Woche
so viel schaffen? Warum erscheinen
andere dagegen stets gestresst und
abgehetzt?
Dauerstress, Arbeitsüberlastung,
Hektik und überladene Schreibtische sind Symptome, die Zeit und
Energie fressen. Sie kosten Nerven,
belasten das Arbeitsklima und die
Ergebnisse. Was fehlt, sind Techniken, mit denen man die eigene
Zeit und die Aufgaben besser in den
Griff bekommt. Denn eines hat man
nirgends gelernt: *Wie plant und
organisiert man seine Arbeit?*
Mit diesem Buch können Sie Ihren
persönlichen Leistungshemmnissen
auf die Spur kommen. Anhand
praktischer Beispiele hilft es Ihnen,
die Möglichkeiten zur Verbesserung
der eigenen Arbeitsorganisation zu
erkennen und anzuwenden.

Aus dem Inhalt:
Ziele setzen und einhalten; Arbeitsabläufe verbessern; Grundregeln
und Techniken zur Zeitplanung.

Paul Gamber
Ideen finden, Probleme lösen
Methoden, Tips und Übungen
für einzelne und Gruppen.
172 Seiten. 35 Abb. Broschiert.
ISBN 3-407-36323-0

Die Veränderungen in der Arbeitswelt und die zunehmende Verbrei-
tung von Teamarbeit bringen es mit
sich, daß immer mehr Menschen an
der Lösung von komplexen Problemen in ihrem Arbeitsbereich aktiv
mitwirken müssen.
In diesem Buch wird gezeigt, wie
Probleme gezielt erkannt und
Schritt für Schritt gelöst werden
können. Oft ist die systematische
Bearbeitung von Problemen schon
der erste Schritt zur Lösung. Be-
währte Methoden und Techniken
werden ausführlich erläutert und
der Prozeß des Problemlösens in
fünf Schritten besonders praxisnah
behandelt: Definieren, Ideen finden, Auswählen, Neudefinieren,
Anwenden (D.I.A.N.A.). Dazu
Tips, wie Problemlösungen erfolgreich präsentiert werden können.

Aus dem Inhalt:
Was ist kreatives Problemlösen? »
Denkblockaden« überwinden;
Kreatives Arbeiten in der Gruppe;
D.I.A.N.A. – fünf Schritte des
Problemlösens.

Beltz Verlag · Postfach 100154 · 69441 Weinheim

B0210